Liebe Leserinnen, liebe Leser!

Kalifornien – schon der Name weckt Reiseträume. Der drittgrößte US-amerikanische Bundesstaat ist eines der beliebtesten Reiseziele weltweit. Mehr als 50 Mio. Gäste reisen jedes Jahr in den „Golden State“ (diesen Beinamen verdankt Kalifornien dem Goldrausch Mitte des 19. Jahrhunderts).

„Und allein schon San Francisco, die Stadt am Golden Gate, ist ein wahres Sehnsuchtsziel.“

Sommer, Sonne, Strände

Und ihre Erwartungen werden offensichtlich erfüllt. Bei repräsentativen Befragungen erklärt die Mehrheit der Kalifornienurlauber regelmäßig, dass sie wiederkommen wollen. Wen wundert's? Hat Kalifornien doch wirklich Einzigartiges zu bieten. Vor allem der Süden präsentiert sich mit phantastischem Wetter und breiten Stränden. Weiter im Osten brennt die Sonne vom Himmel, gibt es Wüstenerlebnis pur. Im raueren Norden imponiert die Natur mit wilder Küste, über 100 Meter hohen Baumriesen und gewaltigen Vulkankegeln. Im Hinterland locken die Weinhügel des Napa und Sonoma Valley. Und allein schon San Francisco, die Stadt am Golden Gate, ist ein wahres Sehnsuchtsziel. Weniger vermutlich wegen ihrer Sehenswürdigkeiten, eher schon wegen der sensationellen Lage und der entspannten Atmosphäre. Pralle Lebenslust scheint hier zu herrschen – wie auch in der Megacity Los Angeles.

California Cuisine und edle Weine

Leicht und beschwingt wie das Lebensgefühl im Bundesstaat ist auch seine Küche. Hier gehen kulinarische Einflüsse Asiens mit denen Amerikas und Europas eine geglückte Verbindung ein. Wenn Sie in Berkeley sind, müssen Sie unbedingt im „Chez Panisse“ essen, das Restaurant von Alice Waters setzte und setzt Maßstäbe (s. S. 33). Zu jedem exquisiten Essen wird ein guter Tropfen gereicht. Kalifornien ist nach Italien, Frankreich und Spanien das viertbedeutendste Weinland. Auf welchen Weingütern Sie die besten Weine erhalten, verrät Ihnen Axel Pinck auf S. 48.

Herzlich

Ihre
Birgit Borowski

Birgit Borowski
Programmleiterin DuMont Bildatlas

*Der Fotograf **Christian Heeb** lebt in Ontario, im Nordwesten der USA. Nach Kalifornien führten ihn schon wiederholt intensive Fotoproduktionen.*

***Axel Pinck**, Reisejournalist aus Hamburg, hat ein Faible für amerikanische Ziele – und das seit Jahrzehnten.*

20 Die Sehnsuchtsstadt auf der schmalen, hügeligen Halbinsel am Ausgang der San Francisco Bay ist ein idealer Ausgangspunkt für Erkundungstouren.

91 Ob Mickey oder Marilyn, Disneyland oder Hollywood – mit Los Angeles verbindet jeder etwas. L.A. ist aber noch viel mehr, als man denkt.

Impressionen

San Francisco

UNSERE FAVORITEN

BEST OF ...

32 Kaliforniens Küche kombiniert die kulinarischen Einflüsse Asiens mit denen Europas und Amerikas auf das Wohlschmeckendste.

Norden

90 Cruisen am Sunset Boulevard in der Stadt der Engel.

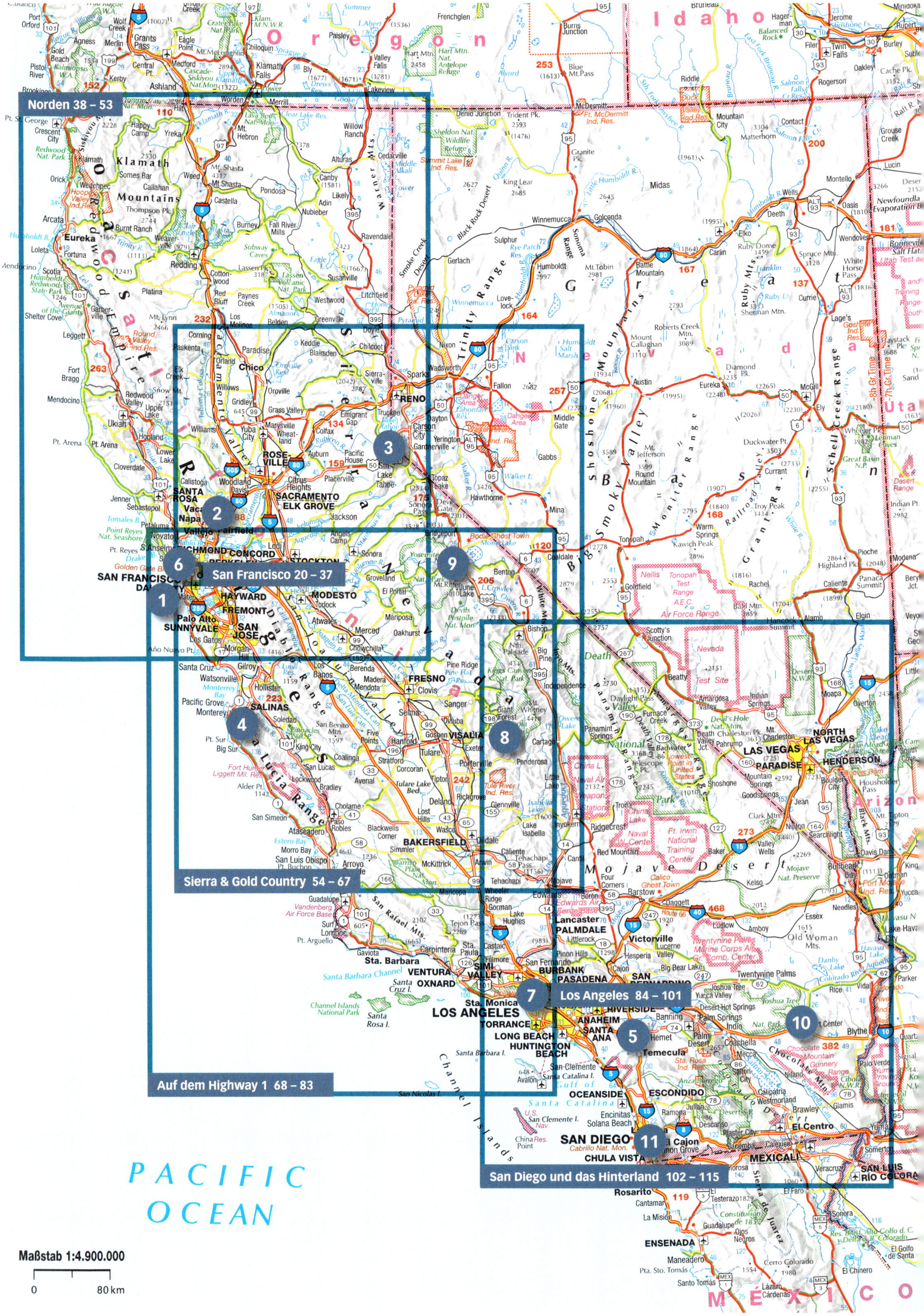

Norden 38 – 53
San Francisco 20 – 37
Sierra & Gold Country 54 – 67
Auf dem Highway 1 68 – 83
Los Angeles 84 – 101
San Diego und das Hinterland 102 – 115
Oregon
Idaho
Nevada
Utah
Arizona
México
PACIFIC OCEAN
Maßstab 1:4.900.000
0
80 km

Topziele

Die bedeutendsten Sehenswürdigkeiten Kaliforniens sowie Erlebnisse, die Sie keinesfalls versäumen dürfen, haben wir auf dieser Seite für Sie zusammengestellt. Auf den Infoseiten ist das jeweilige Highlight als **TOPZIEL** *gekennzeichnet.*

ERLEBEN

1 Alcatraz: Zu Besuch bei Al Capone: Seit 1963 ist das ehemalige Hochsicherheitsgefängnis verwaist – bis auf die Tagesausflügler aus San Francisco. **Seite 35**

2 Napa Valley: Weinanbau und -genuss stehen im Zentrum des berühmtesten Weinanbaugebiets der Neuen Welt. **Seite 53**

3 Emerald Bay: Der Blick auf die Bucht am Lake Tahoe könnte nicht schöner sein. **Seite 65**

4 Monterey Bay Aquarium: Die moderne Anlage des Monterey Bay Aquarium ist dem Pazifischen Ozean gewidmet. **Seite 81**

5 Disneyland: Goofy ist auch schon da. Und Micky, Mini, Donald, Tick, Trick und Track ... **Seite 100**

KULTUR

6 San Francisco Museum of Modern Art: Immer ein Erlebnis: die Kollektion moderner Kunst und Themenausstellungen. **Seite 35**

7 J. Paul Getty Museum: „Das" J. Paul Getty Museum verteilt sich gleich auf zwei Locations: das Getty Center in L.A. und die Getty Villa in Malibu. Sehenswert sind beide Örtlichkeiten. **Seite 99**

NATUR

8 Avenue of the Giants: Die Baumriesen im Humboldt Redwood State Park haben gewaltige Ausmaße. **Seite 51**

9 Yosemite National Park: Rund 1300 Kilometer ausgewiesene Wanderwege lassen keine Wünsche offen. **Seite 66**

10 Joshua Tree National Park: Panoramastraßen führen zu abenteuerlichen Felsformationen, durch Kaktusgärten und zu Aussichtspunkten. **Seite 114**

11 SeaWorld San Diego: Der Meereszoo ist vor allem wegen seiner spektakulären Shows mit mächtigen Meeressäugern weltbekannt. **Seite 114**

Sitting on top of the bay ...

Mit dem Airship Ventures Zeppelin über San Francisco schwebend, hat man in jedem Fall den besten Überblick – und kann sich schon mal darauf freuen, was einen „da unten“ so alles erwartet: California, here I come.

Surfin' U.S.A.

Die Welle reiten wie hier vor Malibu – wo sonst könnte das so viel Spaß machen? Angeblich sollen es ja drei Prinzen des hawaiianischen Königshauses gewesen sein, die um 1855 im kalifornischen San Mateo zur Schule gingen und bei dieser Gelegenheit auch gleich den nassen Sport an die hiesigen Strände brachten. Aber der richtige Soundtrack dazu wurde zweifellos in Kalifornien geschrieben.

Modern Times

Nach konventionellen Anfängen entwickelte der Architekt Frank Gehry seinen ganz eigenen, dekonstruktivistischen Stil, mit dem er überall auf der Welt architektonische Zeichen setzt – schiefe und krumme Zeichen wie hier bei seiner Walt Disney Concert Hall in Los Angeles.

Full Moon Rising

La Le Lu – nur der Mann im Mond schaut zu? Nein, auch unser Fotograf hat aufgepasst, als er für dieses Heft unterwegs war: Der rund 3000 Quadratkilometer große, von der UNESCO als Erbe der Welt geschützte Yosemite National Park in der Sierra Nevada gehört zu den herausragenden Naturschönheiten Kaliforniens; sein Besuch ist ein unvergessliches Erlebnis.

Easy Rider

Einmal im Leben auf einem ordentlichen Motorrad wie hier bei den Santa Lucia Mountains den Highway 1 entlangbrettern, das wär' doch was! Auf der Traumstraße den Traum wahrmachen, den schnurrenden Motor im Ohr, den Fahrtwind im Gesicht und vom Pazifik her den Geschmack nach Salz und Meer auf den rauen Lippen ...

Die interessantesten Aussichtspunkte

In weiter Ferne, so nah

Wenn am Highway ein Schild mit dem Logo „Vista Point" auftaucht, heißt es stoppen und den annoncierten Panoramablick genießen. In der Berglandschaft der Sierra Nevada, entlang der langen Meeresküste und in den Wüsten des Südens herrscht kein Mangel an Aussichtspunkten. Einige ganz besondere Blicke und Anblicke haben wir hier für Sie zusammengetragen.

1 Mount Shasta

Schon den Indianern galt der 4322 Meter hohe Berg als heilig. Vor mehr als 230 Jahren ist der schlafende Vulkan zuletzt ausgebrochen. Majestätisch, bis in den Sommer von einer Schneekuppe bedeckt, erhebt er sich aus der Landschaft. Rund 15 000 Bergsteiger machen sich jährlich auf, um den Gipfel zu besteigen.

Mount Shasta Visitors Bureau, 300 Pine St., Mt. Shasta, CA 96067, Tel. 530/926 48 65, www.mtshastachamber.com

2 Avenue of the Giants

„Botschafter aus einer anderen Zeit" nannte John Steinbeck die gigantischen Redwood-Bäume, die rund 100 Meter groß und mehr als 3000 Jahre alt werden können. Autofahrer und Wanderer fühlen sich im Humboldt Redwoods State Park entlang der „Avenue of the Giants" südlich von Eureka wie Zwerge.

17119 Avenue of the Giants, P.O. Box 100, Weott, CA 95571, Tel. 707/946 22 63, http://humboldt red woods.org

3 Emerald Bay

Wie ein riesiger Spiegel, in dem sich der Himmel saphirblau reflektiert, liegt der Lake Tahoe auf 1899 Meter Höhe in der Sierra Nevada. Von seinem Südwestufer lässt sich auf einer winzigen Insel in der halbrunden Emerald Bay das Herrenhaus Vikingsholm ausmachen, eine im Jahr 1929 im Stil einer norwegischen Festung erbaute Villa.

Lake Tahoe, Hwy. 89, http://vikingsholm.org

4 Glacier Point

Von dem per Auto erreichbaren Aussichtspunkt auf einer 1000 Meter hohen Granitwand blickt man ins Tal des Merced River im Yosemite National Park, zu den imposanten Wasserfällen, den blumenübersäten Bergauen und zum 2700 Meter hohen Half Dome, einem mächtigen, halbrunden Granitblock.

Yosemite National Park, Yosemite Valley Visitor Center, 9035 Village Dr, CA 95389, www.nps.gov/yose

5 Moro Rock

Wer die 350 in den Granit gehauenen Stufen erklommen hat, wird vom Aussichtspunkt des 2050 Meter hohen Moro Rock mit einem großartigen Panoramablick über den Sequoia National Park belohnt. Zu sehen sind mehrere 4000er-Gipfel, Schluchten und endlos scheinende Wälder mit ihren faszinierenden Riesenmammutbäumen, nach denen dieser Nationalpark benannt wurde.

Sequoia & Kings Canyon National Parks, 47050 Generals Hwy., Three Rivers, CA 93271-9700, Tel. 559/565 33 41, www.nps.gov/seki

6 Mono Lake

Schon seit mehreren Tausend Jahren wachsen Kalktuffsäulen im See gleich östlich der Sierra Nevada, wenn sich das kalkhaltige Quellwasser mit dem Seewasser vermischt. Mit dem Absinken des Wasserspiegels im See werden immer mehr bizarre Tuffzinnen und -pyramiden sichtbar. Zweimal im Jahr rasten hier Zehntausende Zugvögel und naschen von Insekten und winzigen Krebsen.

Mono Lake Committee Information Center, US 395/3rd Rd., Lee Vining, CA 93541, Tel. 760/647 65 95, www.monolake.org

7 Dante's View

Von der Aussichtsplattform des knapp 1700 Meter hohen Dante's View bietet sich ein grandioses Panorama ins weite Tal des Todes. Die Indianer nannten die Wüste, in der im Sommer bis zu 50 Grad Celsius (im Schatten) gemessen werden, „Tomesha", brennendes Land. Im Westen erheben sich die Panamint Mountains mit dem 3368 Meter hohen Telescope Peak.

Death Valley National Park, Furnace Creek Visitor Center, Hwy. 190, Tel. 760/786 32 00, www.nps.gov/deva

8 Lone Cypress

Ganz im Westen der Monterey-Halbinsel steht die „Einsame Zypresse" auf einem Felsenvorsprung. Zu Gesicht bekommt sie nur, wer auf dem gebührenpflichtigen „17 Mile Drive" an Golfplätzen, Villen und Strandbuchten sowie am Seal- und Bird Rock, am Cypress und am Sunset Point vorbei das fotogene Wahrzeichen von Pepple Beach erreicht.

Monterey County CVB, 5 Custom House Plaza, Monterey, CA 93940, Tel. 831/657 64 21, www.seemonterey.com

9 Highway 1

Die „schönste Straße Amerikas" zwängt sich unterwegs von Monterey nach Cambria zwischen der wildzerklüfteten einsamen Pazifikküste und den Santa-Lucia-Mountains gen Süden. Hinter jeder Kurve versetzen neue atemberaubende Ausblicke den Reisenden in Erstaunen.

Big Sur Chamber of Commerce, Tel. 831/667 21 00, www.bigsurcalifornia.org

10 California Poppy Preserve

Wer zwischen Mitte März und Mai nahe Lancaster durch das Antelope Valley nördlich der San Gabriel Mountains fährt, kann mit etwas Glück den Goldmohn *(California Poppy)*, die offizielle Staatsblume Kaliforniens, in voller Blüte erleben und zwischen Millionen orange- und purpurfarben leuchtenden Pflanzen spazieren gehen.

Antelope Valley California Poppy Reserve State Natural Reserve, Tel. 661/946 60 92, www.parks.ca.gov/?page_id=627

Stadt am Golden Gate

Die Sehnsuchtsstadt auf der schmalen, hügeligen Halbinsel am Ausgang der San Francisco Bay ist von vielen Ausflugszielen umgeben, von Naturschönheiten wie den Küstenmammutbäumen im Muir Woods National Monument etwa oder von malerischen Landschaften wie jenen rund um den Mount Tamalpais. Auch das dynamische Oakland, die Universitätsmetropole Berkeley und reizvolle Hafenorte wie Sausalito sind hier nur einen Katzensprung entfernt.

Auffälligstes Gebäude in der Skyline von San Francisco ist bis heute die 1972 vollendete, 260 Meter hohe Transamerica Pyramid.

Form follows function? Das Museum of Modern Art
(im Bildvordergrund).

In den Straßen von San Francisco – genauer:
im Castro District.

„Painted Ladies" werden die viktorianischen Häuser an San Franciscos Alamo Square genannt.

Cable Car: die nostalgisch-bequeme Art der Fortbewegung im hügeligen San Francisco.

Die Cable Car rattert von der Endstation an der Market Street in Richtung Fisherman's Wharf, vollgepackt mit Einheimischen und Touristen. Die Waggons wie vor 130 Jahren in Braun- und Cremetönen. 1906 fuhren noch etwa 600 Wagen auf mehr als einem Dutzend Linien die Hügel auf und ab. Das große Erdbeben beschädigte damals den unterirdischen Antriebsmechanismus – ein Drahtseilsystem, das die Wagen über die Hügel zieht. Kurz darauf schien die Entwicklung von Automobilen die Cable Car überflüssig zu machen. Doch die Bewohner San Franciscos vereitelten alle Versuche der Stadtverwaltung, die geliebten Gefährte auszumustern. So klappern und rasseln die altmodischen Waggons noch immer auf drei Strecken durch die Stadt, zur Freude aller mit einer maximalen Geschwindigkeit von 15 Kilometern pro Stunde und inzwischen auch als historisches Denkmal geschützt.

„If you are going to San Francisco"

Die Stadt am Golden Gate wurde auf mehr als 40 Hügeln gebaut, von denen man herrliche Blicke auf die Bay oder den Pazifischen Ozean genießen kann. San Franciscos munteres Straßenleben, mit Fußgängern, Joggern, Skatern und meditativem Tai Chi auf dem Portsmouth Square in Chinatown ist nicht nur für die Vereinigten Staaten einmalig. Rund 850 000 Einwohner leben in der Stadt an der Bay, deren Viertel jeweils einen eigenen unverwechselbaren Charakter haben. Die Downtown mit dem Financial District zwischen Ferry Building Marketplace und dem Civic Center mauserte sich zum Shopping-Mekka, vor allem rund um den Union Square. In Nob Hill, Russian Hill und Pacific Heights kann man viktorianische Villen an baumbeschatteten Straßen finden. North Beach und Fisherman's Wharf erinnern mit Cafés und Restaurants an die früher zahlreiche italienische Bevölkerung. In Fisherman's Wharf und an den benachbarten Piers sind Besucher der Stadt gegenüber den Einheimischen sicher in der Überzahl.

Die einspurige Zickzack-Fahrbahn der Lombard Street kennt man auch als cineastischen Schausplatz etwa der Verfolgungsjagd in „Is' was, Doc?", aus Hitchcocks „Vertigo" und Serien wie „In den Straßen von San Francisco" und „Full House".

Der Palace of the Fine Art im Marina District wurde ursprünglich im Jahr 1915 für die Panama-Pacific International Exposition errichtet.

> „Da wurde mir klar, dass entweder ich verrückt war oder die Welt. Und ich tippte auf die Welt. Und natürlich hatte ich recht."
>
> Jack Kerouac

Am Ende der Kearny Street ragen die Türme der Market Street auf. Die Columbus Avenue (im Bildvordergrund) quert North Beach und China Town.

Das Erbe der Hippie-Bewegung

Eine Straßenbahn fährt den gesamten Embarcadero entlang, bis in südliche Stadtviertel. Wer dort durch den chinesischen Torbogen auf der Grant Street tritt, gelangt in eine andere Welt: Chinatown mit Restaurants, Geschäften und Märkten und einem großen Teil der chinesischstämmigen Bevölkerung der Stadt. In Height-Ashbury gleich östlich vom Central Park blieb in einigen Straßenzügen noch ein Abglanz der 1960er-Jahre erhalten, als Blumenkinder das Quartier zum weltweiten Zentrum der Hippie-Bewegung machten. South of Market (kurz SoMa), befindet sich mitten in einem Verwandlungsprozess vom recht unattraktiven Gewerbegebiet südlich der Market Street zu einem hippen Stadtteil mit Szenetreffs, Galerien und Museen.

Die Träume der Zuwanderer

Im Mission District, noch weiter im Süden, erwartet Besucher lebhafte hispanische Atmosphäre. Über 200 großformatige Gemälde an den Häuserwänden erzählen von den Träumen der Zuwanderer, vor allem aus Mexiko. Auch die 1776 gegründete spanische Mission Dolores findet man hier. Der benachbarte Castro District mit dem anschließenden Noe Valley ist das traditionelle Viertel der großen

Frei wie ein Pelikan zu sein – davon träumte sicher mancher Insasse von Alcatraz, dem ehemaligen Fort und langjährigen Hochsicherheitsgefängnis.

Fisherman's Wharf: Obwohl sich der Hafen längst zur durchkommerzialisierten Touristenmeile entwickelt hat, gibt es doch noch einige Dutzend Fischer, die hier frühmorgens die Restaurants mit ihrem Fang beliefern.

Immer noch erinnert manches Fischerboot an den Ursprung von Fisherman's Wharf.

Meeresfrüchte berherrschen kulinarisch Fisherman's Wharf.

Special

Verblasste Mythen

„Make Love Not War"

Mitte der 1960er-Jahre kommt es in Berkeley und San Francisco zu den ersten größeren Jugendprotesten gegen den Vietnamkrieg der USA. Die schlichte Verweigerung, sich den gesellschaftlichen Zwängen zu fügen, und das politische Aufbegehren vermischen sich. Eine Gegenkultur entsteht. Ihr Symbol, die Blume im Haar, gibt der „Flower Power"-Bewegung ihren Namen.

Zugleich nehmen die Proteste gegen den Vietnamkrieg zu. Die Hippies rufen unter dem Motto „Make Love not War" in San Francisco den „Sommer der Liebe" aus. Scott McKenzies Song „San Francisco" wird ein Welthit. Zehntausende junger Leute aus allen Teilen des Landes strömen in die Westküsten-Metropole, das Zentrum der neuen gewaltlosen Bewegung. Im Stadtteil Height-Ashbury, wegen des offenen Drogenkonsums auch gern mal „Hashbury" genannt, finden viele eine Unterkunft. Parallel zur Propagierung einer sanften und liebevollen Gegenkultur strebt der Krieg in Vietnam immer neuen grausigen Höhepunkten zu. Im Oktober 1966 gründet sich in Oakland die militante Black Panther Party, im Jahr darauf wird der Schauspieler und spätere US-Präsident Ronald Reagan zum Gouverneur von Kalifornien gewählt. Mit der zunehmenden Kommerzialisierung der Hippie-Massenbewegung beginnt nach und nach ihr Niedergang.

Hier wohnten einst die Grateful Dead.

homosexuellen Gemeinde von San Francisco. Der nostalgische, 1922 in maurischem Stil erbaute Kinopalast Castro Theatre zeigt vor allem Filmklassiker. Von dem nicht weit entfernten, knapp 300 Meter hohen Doppelhügel der Twin Peaks hat man einen fantastischen Panoramablick auf San Francisco und die Bay. Besonders schön ist es, wenn bereits die Dämmerung eingesetzt hat und überall die Lichter der Stadt blinken.

Immer wieder auferstanden

San Francisco war schon immer ein Traumziel von Zuwanderern aus aller Welt. Nachdem 1848 an den Westhängen der Sierra Nevada Gold gefunden wurde, strömten Zehntausende an die Pazifikküste. Damals erhielt die oftmals nebelverhangene und dadurch lange selbst vor den wagemutigsten Entdeckern verborgen gebliebene Zufahrt zur San Francisco Bay ihren hoffnungsvollen Namen. Die bis dahin verschlafene 600-Seelen-Gemeinde schwoll innerhalb weniger Monate zu einer chaotischen Stadt mit 25 000 Einwohnern. Vierzig Jahre später waren daraus schon 300 000 geworden. Doch durch San Francisco verläuft der Sankt-Andreas-Graben, an dem die Pazifische Erdplatte an der Nordamerikanischen Platte entlangdriftet; immer wieder von Erschütterungen der Erde

Die Felsküste bei der Golden Gate Bridge ist wie für einen Film von Alfred Hitchcock geschaffen. Kein Wunder, dass der Altmeister des Nervenkitzels hier mit „Vertigo" einen seiner zeitlosen Klassiker gedreht hat.

Ein Hort moderner Kunst: De Young Museum im Golden Gate Park.

Architektur-Ikone: Die Golden Gate Bridge kennt die ganze Welt.

Nach jedem Erdbeben erhob sich die Stadt wie ihr Wappenvogel Phönix erneut aus der Asche, schöner und attraktiver als zuvor.

begleitet. Beim gewaltigen Erdbeben von 1906 starben 3000 Menschen durch einstürzende Gebäude oder bei den tagelang anhaltenden Bränden, die eine Viertelmillion Häuser vernichteten. Beim Beben 1989 brach die Bay Bridge zusammen. Doch jedesmal hat sich die Stadt wie ihr Wappenvogel Phönix wieder aus der Asche erhoben, schöner und attraktiver als zuvor. Und vielleicht macht ja neben der einzigartigen Lage zwischen Bay und Ozean und dem ständigen Zustrom von Abenteurern, Querdenkern und Immigranten, die etwas Neues anpacken wollen, nicht zuletzt auch das couragierte Leben auf der unruhigen Erdspalte die kreative und liberale Atmosphäre von San Francisco aus.

Jenseits von Gate und Bay

Zwei Brücken, die orangerote Postkartenschönheit der Golden Gate Bridge nach Norden und die doppelstöckige Bay Bridge nach Oakland, verbinden San Francisco seit Mitte der 1930er-Jahre mit anderen Orten an der Bay. Hinzu kommen ein U-Bahn-Tunnel nach Oakland und diverse Fährverbindungen. Hieß es noch vor nicht allzu langer Zeit, das Beste an Oakland sei sein Blick auf San Francisco, löst sich die Hafenstadt mit immerhin auch schon 400 000 Einwoh-

Hand in Hand am Strand, genauer: am Baker Beach, unweit der Golden Gate Bridge.

In der Rodeo Cove, einer Bucht bei San Francisco, brandet der Pazifische Ozean an schroffe Felsen.

Hausboote in Sausalito: Schöner Wohnen mit Blick auf die Bay – der Kreativität sind (und werden hier offenbar) kaum Grenzen gesetzt.

Die San Francisco Bay ist wie die ganze nördliche Westküste ein beliebtes Segelrevier.

Jack London

Special

Lone Wolf

Er war ein Medienstar und Abenteurer, ein Sozialist, der als Bestsellerautor Millionen verdiente, ein rastloser Arbeiter.

Am 12. Januar 1876 wird Jack London in San Francisco geboren. Er wächst im benachbarten Oakland auf, jobbt als Zeitungszusteller, in einer Konservenfabrik, als Austernpirat, bei der Fischereipatrouille. Mit 17 heuert er als Matrose an. Nach der Rückkehr schreibt er die erste Kurzgeschichte, die gleich einen Wettbewerb gewinnt. Wieder geht es auf Tour, als Tramp auf der Eisenbahn. Dann folgt er dem „Lockruf des Goldes" nach Alaska. Schätze findet er nicht, aber viele Geschichten. Mit ihnen fesselt er ein Millionenpublikum, durch sie wird er berühmt, aber nicht glücklich. Alkoholsucht und depressive Phasen überschatten sein Leben. Am 22. November 1916 stirbt Jack London, wohl an Nierenversagen.

nern langsam aus dem Schatten ihrer schönen Nachbarin. Nach mehreren Jahren dynamischer Wirtschaftsentwicklung beginnen sich die Investitionen in die Infrastruktur nun auszuzahlen: Restaurierung ganzer Straßenzüge, Revitalisierung des Uferstreifens mit Grünanlagen, Promenaden, Einkaufs- und Vergnügungspassagen. Und die Nachfrage nach Wohn- und Büroraum steigt. Oakland besinnt sich auf seine in den 1940ern gegründete Tradition als Stadt des Jazz und des Blues, vor allem entlang der 7th Street. Auch heute kann man in diversen über das Zentrum verteilten Klubs wieder Combos hören, die exzellenten Jazz und Rhythm & Blues spielen.

Gourmet-Getto in Berkeley

Trotz einer Reihe recht guter Restaurants weichen Feinschmecker oft nach Berkeley aus, einen Katzensprung von Oakland entfernt. Als anderswo in den USA noch wässriger Kaffee serviert wurde, ließen die Coffee Shops in der Nähe des Universitätscampus bereits keine Variante des Muntermachers ungebraut. Auch der Besuch in einem der Restaurants um die Walnut Street und die Shattuck Avenue, häufig scherzhaft Gourmet-Getto genannt, kann zu einem kulinarischen Kulturerlebnis werden. Schließlich nimmt Berkeley für sich in Anspruch, die moderne „California Cuisine" erfunden zu haben.

Von Engeln und Alcatraz

Angel Island ist mit 3107 Quadratkilometern die größte der Bay-Inseln und hat, wie die frühere Gefängnisinsel Alcatraz, eine ungewöhnliche Vergangenheit. Der spanische Kapitän de Ayala taufte das Eiland 1775, bis dahin traditionelles Jagdgebiet der Miwok-Indianer, auf den Namen Isla de los Angeles. Mit dem Sieg gegen Mexiko kam die Insel 1851 wie der Rest Kaliforniens als Kriegsbeute an die USA. Die US Army nutzte Angel Island bis 1946 als Stützpunkt. Ab 1910 dienten die Militärbaracken 30 Jahre lang als Zwischenlager für rund 175 000 Immigranten aus Asien – ein „Ellis Island of the West". Anders als auf der Einwandererinsel vor New York wurden Chinesen oder Japaner hier bis zu zwei Jahre interniert, unter mehr als dürftigen Bedingungen. Im Zweiten Weltkrieg internierte man japanische und deutsche Kriegsgefangene, bis 1962 richteten Nike-Flugabwehrraketen ihre spitzen Nasen in den Himmel. Heute ist Angel Island wieder ein friedliches Fleckchen, aufgeforstet und geschützt als „State Park", von Wander- und Fahrradwegen durchzogen und mit einem gemütlichen „Cove Café", das im Sommer Gegrilltes und Austern serviert.

CALIFORNIA CUISINE

East meets west

Das erste Kochbuch Kaliforniens für „ordentliche Hausfrauen“ wurde im Jahr 1872 unter dem Titel „Kulinarische Tricks, wie man den Ehemann an sich bindet“ in San Francisco publiziert. Am besten mit „gekochtem Orangenpudding“, lautete damals das Rezept – inzwischen ist es von der modernen kalifornischen Küche deutlich verfeinert worden.

Leicht und beschwingt wie das Lebensgefühl im Bundesstaat ist auch seine Küche, die gut unter dem Motto „East meets west“ stehen kann, denn in ihr haben die Kochtraditionen vieler Einwanderer aus aller Welt zusammengefunden. Einfallsreiche Köche kombinieren vor allem die kulinarischen Einflüsse Asiens mit denen Europas und Amerikas auf das Wohlschmeckendste, weshalb man in Kalifornien auch von der „Pacific Rim Cuisine“ spricht. Diese basiert auf den frischen Zutaten, die Kalifornien selbst liefert. Der fruchtbare Boden im Central Valley und seinen Seitentälern ließ von Anfang an auch bislang unbekanntes Gemüse und Früchte gedeihen. Und aus dem Pazifik und den Flüssen zwischen Oregon und Mexiko kam lange Zeit reiche Beute an Fischen und Krustentieren.

Einfallsreiche Köche kombinieren die kulinarischen Einflüsse Asiens mit denen Europas und Amerikas auf das Wohlschmeckendste.

California Cuisine ist Haute Cuisine

Alice Waters vom Restaurant „Chez Panisse“ in der Universitätsstadt Berkeley wird meist als Erfinderin der California Cuisine genannt: eines ganz eigenen Kochstils, der nicht nur kulinarische Einflüsse verschiedener Kulturen kombiniert, sondern schon seit den 1970er-Jahren den Gedanken einer saisonalen Küche mit marktfrischen Produkten wiederbelebt hat.

John Ash ist ein kulinarischer Pionier aus dem Sonoma Valley, der Anfang der 1980er-Jahre als einer der „new hot chefs“ der Szene gefeiert wurde. Wolfgang Puck, ein austroamerikanischer Prominentenkoch und erfolgreicher Gastro-Unternehmer, eröffnete im Jahr 1982 das legendäre „Spago“ am Sunset Boulevard in Beverly Hills, um mit innovativen Gerichten wie seiner mit geräuchertem Pazifik-Wildlachs und Kaviar belegten Designer-Pizza die schicke Kundschaft zu begeistern. Heute gehören beide zu den lebenden Ikonen der California Cuisine, die von vielen Restaurants weiterentwickelt wird.

Fisch mit Ingwersauce: Lecker!

Auf die Qualität und Frische der Zutaten kommt es ganz entscheidend an – auch in der kalifornischen Küche.

Restaurant-Tipp(s)

Chez Panisse
Das Restaurant von Alice Waters gilt seit seiner Eröffnung 1971 als der Pionier der neuen kalifornischen Küche. Berkeley, 1517 Shattuck Avenue, Tel. 510/548 55 25, www.chezpanisse.com

Spago
Hier wurde die kalifornische Designer-Pizza erfunden, und die kalifornische Fusion-Küche setzt noch immer Maßstäbe. Beverly Hills, 176 North Canon Drive, Tel. 310/385 08 80, www.wolfgangpuck.com

Maßstab 1:20.000
0
300m
1
2
3
4
5
6
7
8
9
10
11
12
13
14
15
16
17
18
19
20
21
22
S.F. Maritime
Nat'l Historic Park
Aquatic Park
Fisherman's Wharf
Hyde Street Pier
Municipal Pier
Fort Mason
GGNRA
Pier 39
NORTH BEACH
TELEGRAPH HILL
RUSSIAN HILL
NOB HILL
Chinatown
FINANCIAL DISTRICT
RINCON HILL
SOUTH OF MARKET
COW-HOLLOW
JAPAN-TOWN
FILLMORE
TENDERLOIN
CIVIC CENTER
ALAMO SQUARE
HAYES VALLEY
UPPER MARKET
Lafayette Park
Embarcadero
Ferry Building
Coit Tower
Levi Plaza
Moscone Convention Center
SFMOMA
Yerba Buena Gardens
Union Sq
Van Ness Avenue
Market St
Mission St
Broadway
California
Geary Expressway
Central Skyway
101
16th Street Mission
Civic Center
Powell St
Montgomery St
Embarcadero
San Quentin
Paradise Cay
Richmond
San Rafael-Bridge
Tiburon
Belvedere
Sausalito
Richardson Bay
Angel Island State Park
Brooks Island
Albany
El Cerrito
Emeryville
Treasure Island
Alcatraz Island
GG NRA
SAN FRANCISCO
Golden Gate Bridge
Golden Gate National Recreation Area
Exploratorium
Presidio
Pt Lobos
Seal Rocks
Golden Gate Park
Mt Sutro
Mt Davidson
China Basin
Mission Rock
Potrero Pt
San Francisco-Oakland Bay-Bridge
OAKLAND
Jack London Square
Naval Air Station
Alameda
0
1
2
3 miles
0
1
2
3
4
5 km

Die Königin des Westens

Think big: Rom wurde auf sieben Hügeln gebaut, San Francisco auf 40. Die einzigartige Lage und Atmosphäre der Stadt, die auch die größte chinesische Gemeinde außerhalb Asiens zählt, macht sie seit jeher zum Traumziel von Auswanderern und Besuchern.

1 – 19 San Francisco

San Francisco wurde 1776 als Militärposten mit Missionskirche von den Spaniern gegründet; wenig später kamen Pelzhändler und erste Siedler. Die Stadt gilt als das Finanzzentrum Kaliforniens. Mit einer Reihe wissenschaftlicher Einrichtungen und privater Forschungsunternehmen hat sie auch in der Biotechnologie eine Führungsposition übernommen.

SEHENSWERT

1776 errichtete die spanische Kolonialmacht Fort und Kirche 1 **Mission San Francisco de Asis** (3321 16th Street/Dolores Street; Mai bis Okt. tgl. 9.00–16.30, sonst bis 16.00 Uhr) und legte damit den Grundstein für die heutige Stadt. Die 2 **Painted Ladies** am parkartigen Alamo Square sind schöne Beispiele für die im 19. Jh. stadtbildbestimmenden viktorianischen Holzhäuser. Zum Civic Center gehört auch das Neorenaissance-„Rathaus" 3 **City Hall** (1912 bis 1916). Rund 16 Straßenblocks umfasst die 6 **China Town** hinter dem charakteristischen Gateway; rund 80 000 Menschen chinesischer Abstammung leben hier. Restaurants, Geschäfte, Zeitungen, ja sogar die Telefonzellen tragen chinesische Schriftzeichen. Das chinesische Kulturzentrum (750 Kearny Street, 3. Etage des Hotels Hilton San Francisco Financial District, Tel. 415/986 18 22) informiert über Rundgänge durch die „Stadt in der Stadt". Herausragend ist die 260 m hohe 9 **Transamerica Pyramid**, ein im Jahr 1972 fertiggestellter Versicherungsbürobau, in dessen Schatten die 7 **Wells Fargo Bank**, aus der Entwicklung des US-amerikanischen Westens nicht wegzudenken, mit einem historischen Museum zu finden ist (420 Montgomery Street; Tel. 415/396 26 19). Früher hatte die 8 **Cable Car** ein 180 km langes Streckennetz; heute zuckeln noch drei Linien mit Touristen und Einheimischen durch North Beach und Chinatown. Die **Northern Waterfront** zieht sich vom restaurierten 10 **Ferry Building** am Fuß der Market Street, der Achse durch Downtown, bis zu den Piers, an denen die Fähren ablegen, und der ziemlich touristischen 14 **Fisherman's Wharf** mit dem zu einem Unterhaltungsareal umgestalteten Pier 39. An den Kaimauern des 13 **Maritime National Historical Park** haben historische Schiffe festgemacht – darunter ein Dreimastvollschiff von 1886, eine Dampffähre von 1890 und ein Raddampfer von 1914. Von 1934 bis 1963 diente die Felseninsel 15 **Alcatraz** TOPZIEL den Bundesbehörden als Hochsicherheitsgefängnis; die Zelle Al Capones, des wohl prominentesten Häftlings, kann wie der gesamte Zuchthauskomplex besichtigt werden. Boote von Alcatraz Cruises starten tgl. mehrmals von Pier 33 (Tel. 415/981 76 25, www.alcatrazcruises.com). Eine meist voll beladene Straßenbahn fährt den **Embarcadero** entlang. Dahinter ragt der Telegraph Hill auf, seit 1934 gekrönt vom 11 **Coit Tower**, einem 64 m hohen Aussichtsturm (Sommer tgl. 10.00–18.00, Winter tgl. 9.00–16.30 Uhr). Von hier ist es nicht mehr allzu weit zur 12 **Lombard Street**, angeblich „die kurvenreichste Straße der Welt" und Zubringer zur 16 **Golden Gate Bridge**, die seit 1937 mit einer Gesamtlänge von 2737 m den Ausgang der San Francisco Bay quert. Rund 100 000 Fahrzeuge passieren die Brücke täglich. Eine Malercrew ist ganzjährig damit beschäftigt, die Farbe zu erneuern. Alle lieben den 19 **Golden Gate Park**, der sich quer durch die halbe Stadt zieht (5 km lang und 800 m breit); Wanderwege, diverse Sportplätze, ein botanischer Garten, ein Gehege für eine Bisonherde sowie eine Open-Air-Bühne gehören zu den Attraktionen.

Tipp

Chinesisches

An der Grant Avenue durch China Town reihen sich billige Souvenirshops aneinander. Eine positive Ausnahme ist **Arts of China** (839–843 Grant Avenue, www.artsofchinasf.com). Dort kann man etwa Schachspiele aus Jade erstehen. In den kleinen Seitenstraßen zwischen Bush Street und der Columbus Avenue findet man Geschäfte mit Kunsthandwerk, Gemüsemärkte und Restaurants, in denen auch viele Chinesen selbst verkehren.

Rund 850 000 Einwohner zählt die sich häufig in dichten Nebel hüllende Metropole – hier mit Blick an der Transamerica Pyramid vorbei zum Coit Tower –, in der Metropolregion rund um die Bay sind es knapp 4,6 Millionen.

MUSEEN

San Francisco hat eine Vielzahl Museen und Ausstellungsorte, von denen die folgenden besonders interessant sind. Das 4 **Asian Art Museum** im früheren Zentralgebäude der Stadtbücherei präsentiert Exponate aus 6000 Jahren asiatischer Geschichte (200 Larkin Street, www.asianart.org; Nov.–Dez. Di.–So. 10.00–17.00 Uhr). In dem aufstrebenden Viertel südlich der Market Street residiert das 5 **San Francisco Museum of Modern Art** TOPZIEL, kurz SFMOMA. Die seit 2016 umfangreich erweiterte Kollektion moderner Kunst umfasst Bilder, Plastiken, Fotografie, Design und Medieninstallationen (151 Third Street, www.sfmoma.org). Im 8 **Cable Car Museum** erfährt man u.a., dass die Waggons von unterirdischen Stahlseilen Steigungen bis zu 21 % hochgezogen werden (1201 Mason Street, www.cablecarmuseum.org; April–Sept. tgl. 10.00–18.00, sonst bis 17.00 Uhr). Das 17 **Exploratorium** tritt jeden Tag mit mehr als 650 Experimenten zur Elektrizität, der Erforschung von Sonnenwinden oder Bewegungsabläufen bei Sportarten den Beweis an, dass Wissenschaft spannend und vergnüglich sein kann (Pier 15, www.explorato rium.edu, tgl. 10.00–17.00 Uhr). Der ⑱ **Palace Legion of Honor**, einst Ehrenmal für die im Ersten Weltkrieg gefallenen Soldaten, beherbergt heute eine umfassende Kunstsammlung mit 87 000 Exponaten aus vier Jahrtausenden; bemerkenswert die große Zahl von Rodin-Plastiken, darunter der „Denker" (Lincoln Park 100, 34th Avenue/Clement Street, http://legionof honor.famsf.org; Di.–So. 9.30–17.15 Uhr). Das in einem spektakulären Bau im Golden Gate Park untergebrachte ⑲ **De Young Museum** zeigt US-amerikanische Kunst des 17. bis 20. Jh. und dazu Bilder, Plastiken sowie schöne Gebrauchsgegenstände alter Kulturen aus Nord- und Südamerika, Afrika und von pazifischen Inselvölkern (50 Hagiwara Tea Garden Drive, http://deyoung.famsf.org; Di.–So. 9.30 –17.15, April bis Nov. Fr. bis 20.45 Uhr).

HOTELS UND RESTAURANTS

Das **Bijou** ist ein gemütliches Haus gleich beim Union Square mit Dekoration zu Filmen, die in San Francisco spielen (111 Mason, Tel. 415/771 12 00, www.hotelbijou.com; Zimmer ab 160 $, kleines Frühstück inkl). **The Orchard Garden** war das erste „grüne" Hotel der Stadt, nicht weit vom Chinatown Gate, mit geschmackvoller Einrichtung (466 Bush Street, Tel. 415/399 98 07, www.theorchardgardenhotel.com; Zimmer ab 280 $). **The Ritz-Carlton** ist das absolute Spitzenhotel auf Nob Hill; mit elegantem Restaurant „The Dining Room", Pool, Fitness-, Beautycenter (600 Stockton Street, Tel. 415/2 96 74 65, www.ritzcarlton.com; Zimmer ab 500 $). Spanisch-baskische Tapas in lockerer Umgebung und ein gutes Weinangebot bietet **Bocadillos** (710 Montgomery Street, Tel. 415/982 26 22, www.bocasf.com). Im **Burma Superstar** gibt es günstige und gute burmesische Küche, allerdings immer ausgebucht und ohne Reservierungen (309 Clement Street, Richmond, Tel. 415/387 21 47, www.burma superstar.com). Das **Jardinière** bietet kreative französisch-kalifornische Küche und eine exzellente Champagnerauswahl; abends oft Live-Jazz (300 Grove Street, Civic Center, Tel. 415/861 55 55, www.jardiniere.com). Das italienische Traditionscafé **Greco** serviert Cappuccino und Focaccia-Sandwiches am Wochenende bis Mitternacht (423 Columbus Avenue, Tel. 415/397 62 61, www.caffegreco.com).

Tipp

Golden Gate Park

Im Golden Gate Park lassen sich alle möglichen Arten von Freizeitsport betreiben. Wälder, Wiesen und Teiche, dazwischen Wege mit schönen Aussichten – auch auf das **De Young Museum** (Abb. unten). Es gibt Pfade für Spaziergänger und Reiter, Anlagen für Tennis und einen Golfplatz. Eine Fahrradstrecke von mehreren Kilometern windet sich durch den lang gezogenen Park und führt weiter bis zum Lake Merced im Südwesten der Stadt.

INFORMATION

Fahrräder leiht man u.a. bei Golden Gate Park Skate & Bike, 3038 Fulton/6th Street,Tel. 415/668 11 17, http://goldengateparkbikeandskate.com

Blick über die Oakland Bay Bridge auf die Silhouette von San Francisco.

UNTERHALTUNG

Zum Sonnenuntergang ist die Aussicht vom 20. Stockwerk des Sir-Francis-Drake-Hotels spektakulär; später tanzen elegant gekleidete Gäste in **Harry Denton's Starlight Room** bis tief in die Nacht (450 Powell Street, Tel. 415/395 85 95, www.starlightroomsf.com). Das **Castro Theatre** stammt aus den 1920er-Jahren; das Programmkino zeigt legendäre Filmklassiker (429 Castro Street, Tel. 415/6216120, www.castrotheatre.com). **Ruby Skye** ist ein beliebter Musik- und Tanzklub mit DJs und Live-Gruppen (420 Mason Street, Tel. 415/693 07 77, www.rubyskye.com).

UMGEBUNG

Schon der erste Abschnitt der State Road 1 gleich südl. von San Francisco von Pacifica bis Half Moon Bay lohnt einen **Ausflug**. Im Frühjahr und Herbst ziehen vor der Küste Wale vorbei.

INFORMATION

San Francisco Information Center, 900 Market Street (untere Ebene Hallidie Plaza) San Francisco, CA 94102, Tel. 415/391 20 00, www.sanfrancisco.travel

⑳ Oakland

Die vielbefahrene Oakland Bay Bridge verbindet die geschäftige Stadt (400 000 Einw.) mit San Francisco. Ein Grüngürtel aus Naturschutz- und Erholungsparks begrenzt die Hafenmetropole zur Landseite. Aus der einstigen Holzfäller- und Goldgräbersiedlung wurde der westl. Endpunkt der transkontinentalen Eisenbahn. Heute hat die 1852 gegründete Stadt den größten Containerhafen an der Pazifikküste.

SEHENSWERT

Jack London hinterließ hier seine Spuren und kandidierte sogar – wenn auch erfolglos – als Bürgermeister. Ein ansprechend gestaltetes Einkaufs- und Vergnügungsviertel im Zentrum trägt seinen Namen. Seine Statue blickt auf den zentral an der Bay gelegenen Jack London Square mit Geschäften, Bars und Restaurants. Dazu gehört auch „Heinold's First and Last Chance Saloon", in dem Jack London so manches Glas geleert hat. An einem Kai in der Nähe liegt die **USS Potomac**, zu Roosevelts Zeiten Staatsjacht des US-Präsidenten. Der 64 ha große **Lake Merritt** ist ein mit der Bay verbundener Salzwassersee; ihn säumen Gartenanlagen und ein Vergnügungspark.

MUSEEN

Im **Oakland Museum of California** können Besucher durch nachgestaltete Landschaften Kaliforniens wandern, die abenteuerliche Geschichte des Bundesstaates und seiner Einwanderergruppen kennenlernen sowie Kunsthandwerk der indigenen Bevölkerung bis zum Kalifornien von heute betrachten (10th Street/Oak Street, www.museumca.org; Mi.–So. 11.00 bis 17.00, Fr. bis 19.00 Uhr).

HOTEL UND RESTAURANT

Das **Waterfront Hotel** ist ein bestens gelegenes und gut ausgestattetes 150-Zimmer-Hotel (10 Washington Street/Jack London Square, Tel. 510/836 38 00, www.jdvhotels.com/hotels/california/san-francisco-hotels/waterfront-hotel; DZ ab 160 $). **Oliveto Cafe & Restaurant** mit italienisch inspirierter Küche ist eines der besten Restaurants an der Bay (5655 College Avenue, Tel. 510/547 53 56, www.oliveto.com).

INFORMATION

Oakland Convention & Visitors Bureau, 481 Water Street, Oakland, CA 94607, Tel. 510/839 90 00, http://visitoakland.org

㉑ Berkeley

Die weltberühmte University of California hat schon oft eine führende Rolle gespielt, in der Wissenschaft mit diversen Nobelpreisträgern und auch bei politischen Strömungen. Jeder zweite von Berkeleys 115 000 Einw. hat direkt mit der Hochschule zu tun, die allein 36 000 Studierende zählt. 1866 als Universitätsstandort gegründet, begannen hier in den 1960er-Jahren die bald das ganze Land erfassenden Studentenproteste gegen den Vietnamkrieg.

SEHENSWERT/MUSEUM
Auf dem vom Landschaftsplaner Olmsted entworfenen **Berkeley Campus** finden sich der 94 m hohe Aussichtsturm Campanile, die Lawrence Hall of Fame, in der auch Besucher Experimente machen dürfen, das **Phoebe A. Hearst Museum of Anthropology** mit einer großen Sammlung zur Entwicklungsgeschichte des Menschen (http://hearstmuseum.berkeley.edu; Mi.–Sa. 10.00–16.30, So. 12.00–16.00 Uhr), das **Art Museum** mit einem Schwerpunkt auf asiatischer und zeitgenössischer Kunst samt Pacific Film Archive mit sehenswerten Vorführungen von Filmklassikern (www.bampfa.berkeley.edu; Mi.–So. 11.00–17.00 Uhr) sowie der **Botanische Garten** mit rund 12 000 Pflanzen.

RESTAURANT
Im **Chez Panisse** ist die exzellente kalifornische Küche mit mediterranen Einflüssen ein wahrer Genuss (1517 Shattuck Avenue, Tel. 510/548 55 25, www.chezpanisse.com).

INFORMATION
Berkeley Visitors Bureau, 2030 Addison Street, Berkeley CA 94704, Tel. 510/549 70 40, www.visitberkeley.com

22 Sausalito

Die Künstler- und Aussteigerkolonie mit ihren Hausbooten im Hafen machte den Fischerort Anfang der 1960er-Jahre berühmt. Hausboote gibt es noch immer, besser ausgestattet als ursprünglich und inzwischen meist von gutsituierten Bürgern bewohnt. Der Charme des Örtchens (mit den pittoresk an den Hang gebauten, mit Treppen verbundenen Häuschen) hat sich erhalten.

SEHENSWERT
Vom **Viña del Mar Plaza** hat man einen herrlichen Ausblick über die Bay bis zu den Wolkenkratzern von San Francisco. Das **Bay Model Visitor Center** des US Army Corps of Engineers simuliert Ebbe und Flut sowie die Strömungsverhältnisse in der San Francisco Bay (2100 Bridgeway, www.spn.usace.army.mil; Di.–Fr. 9.00–16.00, Sa./So. 10.00–17.00 Uhr).

RESTAURANT
Die **Bar Bocce** ist für ihre exzellenten Pizzen und die fantastische Aussicht von der Terrasse bekannt (1250 Bridgeway Ave., Tel. 415/331 05 55).

UMGEBUNG
Von Tiburon am Ostufer der Richardson Bay setzt eine Fähre in 20 Min. nach **Angel Island** über. Nur einen Halbtagesausflug von San Francisco entfernt, lassen sich im **Muir Woods National Monument** die bis zu 1000 Jahre alten und 80 m hohen Küstensequoias *(Sequoia sempervirens)* bestaunen.

INFORMATION
Sausalito Visitor Center, 780 Bridgeway, Bay 2, Sausalito CA 94965, Tel. 415/332 05 05, www.sausalito.com

Genießen Erleben Erfahren

DuMont Aktiv

Im Geburtsland des Mountainbiking

Mountainbiking in San Francisco? Sicher, genügend Hügel hat die Stadt an der Bay allemal, doch leider noch mehr Straßenverkehr. Besser ist es, in die Naturlandschaft gleich nördlich der Golden Gate Bridge auszuweichen – ebenso hügelig, aber mit Bäumen statt Autos.

Wer die Golden Gate Bridge nach Norden überquert, ist gleich in Marin County, bekannt wegen der riesigen Sequoiabäume von Muir Woods und der pittoresken Hausboote in Sausalito. Die Hänge und Ausläufer des 784 m hohen Mount Tamalpais, den hier alle kurz „Mount Tam" nennen, sind nicht nur ein Wanderparadies, sondern mit dem wenig weiter nördlich gelegenen Pine Mountain auch die Geburtsstätte des Mountainbiking vor mehr als 30 Jahren. Vor allem an Wochenenden geht es auf hügeligen alten Forstwirtschafts- und Waldwegen sowie neu angelegten Trails munter zu, wenn Wanderer und Mountainbiker unterwegs sind und bei gutem Wetter von hier bis zur Sierra Nevada im Osten und dem rund 30 km entfernten San Francisco schauen können.

Das System der Mountainbike Route im Mount Tamalpais State Park und den angrenzenden Naturlandschaften umfasst insgesamt mehr als 350 km. Glücklicherweise sorgt die gemeinnützige Marin County Bicycle Coalition dafür, dass der attraktive Cross Marin Trail und noch viele andere Mountainbike- Strecken in einem guten Zustand bleiben.

Weitere Informationen

Die Region um den Mount Tamalpais erreicht man von San Francisco auf der US 101 über die Golden Gate Bridge und weiter auf dem Highway 1 nach Norden.

Das Besucherzentrum beim East Peak am Ende des Ridgecrest Blvd. hält viele Informationen, auch über Wander- und Fahrradstrecken, bereit.

MountainBiking Marin (www.mountainbikingmarin.com) oder **Mike's Bikes** (http://mikesbikes.com) zeigen Anfängern und Fortgeschrittenen, wie es geht.

Naturschätze ohne Ende

Im Norden von San Francisco beginnt eine ganz andere Welt. Hier dominiert die Natur, aufgelockert von kleineren Siedlungen und Städtchen. Gleich anschließend an die Bay breiten sich die Hügel des „Wine Country“ aus, dahinter liegen gewaltige Berge und beeindruckend mächtige, bis zu 3000 Jahre alte Redwood-Bäume.

Nicht weit vom Eingang des Lassen Volcanic National Park trifft man auf den Manzanita Lake, einen der vielen schönen Seen des Areals.

Seit dem Jahr 1871 weist das Trinidad Head Lighthouse den Weg in den Hafen von Trinidad (oben links; rechts der Little River Inn Golf Course bei Mendocino). Felsig gibt sich die Küste bei Jenner, gesäumt vom State Highway 1 (unten).

Mount Shasta

Special

Weißer als der Wintermond

Den indigenen Völkern galt der mächtige freistehende Vulkankegel als Wohnsitz des Großen Geistes. Auch als Bergsteiger um die Mitte des 19. Jahrhunderts seinen 4322 Meter hohen Gipfel bezwangen, behielt er noch immer seine mythische Ausstrahlung.

So versammelten sich im Jahr 1987 Tausende Anhänger esoterischer Gruppen am Fuß des Berges, um hier das Zeitalter des Wassermannes und eine neue Epoche des Friedens auf der Welt einzuläuten. Auch wenn die letztere Hoffnung getrogen hat, gilt der Mount Shasta weiter als einer der sieben heiligen Berge der Welt, als Kreuzungspunkt kosmischer Energie. In den Orten rund um den „Zauberberg" finden Besucher Dutzende von Geschäften mit esoterischen Devotionalien. Doch auch Naturfreunde und Bergsteiger sind von dem majestätischen Berg fasziniert – vom Berg an sich, ganz ohne New Age.

Der „heilige Berg": Mount Shasta

Der Highway 1 zieht sich im Norden von San Francisco bis an die Grenze zu Oregon, nicht weniger spektakulär als im Süden bei Big Sur. Im feuchtkühlen Klima des Nordens finden Küsten-Redwoods beste Lebensbedingungen. Trotz des massiven Einschlags in den vergangenen Jahrzehnten existiert noch rund die Hälfte des weltweiten Bestandes dieser über 100 Meter hohen Baumgiganten in den küstennahen Wäldern Nordkaliforniens.

Wer die riesigen Holztransporter, hoch beladen mit gefällten Bäumen, auf den Straßen sieht, kann sich vorstellen, dass die Auseinandersetzung zwischen Naturschützern und den wirtschaftlichen Interessen der Holzindustrie hier ein Dauerthema ist. Besucher kommen sich angesichts der kirchturmhohen Wipfel wie Zwerge im Reich der Baumriesen vor. Wer durch den Founders Grove des Humboldt State Park oder andere Redwood-Haine wandert, verstummt vor der gebieterischen Größe der hölzernen Giganten, deren Art bereits existierte, als noch Saurier die Erde bevölkerten.

Im feuchtkühlen Klima des Nordens finden Küsten-Redwoods beste Lebensbedingungen.

Mächtige Vulkankegel

Weit im Hinterland der Küste breiten sich endlos scheinende Nadel- und Laubwälder aus, unterbrochen von Seenlandschaften, die so unberührt, wie sie aussehen, schon lange nicht mehr sind. Schließlich versorgt ihr Wasser über ein kompliziertes System von Pipelines die Felder und Städte des durstigen Südens von Kalifornien.

Mächtige Vulkankegel ragen weithin sichtbar in den Himmel. Bei einigen, wie dem Lassen Peak, blubbern noch immer heiße Schlammtöpfe und zischen schwefelhaltige Gase aus Erdspalten. Andere,

Geschützt gegen kalte Winde und versehen mit genügend Feuchtigkeit: Weinstöcke bei Napa.

Inmitten ihrer flachen Weinfelder stehen die Höfe der Winemaker des Napa Valley.

Sich regen bringt Reben: Auch in Amerika ist die Weinernte noch zum Großteil Handarbeit.

Das Mikroklima nördlich der San Francisco Bay hat die Entwicklung zu einem der bedeutendsten Weinanbaugebiete der Welt ermöglicht.

wie der zuletzt im Jahr 1768 ausgebrochene, 4322 Meter hohe Mount Shasta, geben inzwischen vor zu schlafen.

Einst sogar besungen

Mendocino gehört zu den Schmuckstücken an der Küstenstraße. Der 1000-Seelen-Ort war einst ein Umschlagplatz für Nutzholz und wurde von Siedlern aus Neuengland erschlossen. Später zogen Künstler aus San Francisco hierher – der Welthit „Mendocino" stammt aus dieser Zeit Ende der 1960er-Jahre. Das Zentrum mit seinen weiß getünchten Häusern im Neuenglandstil steht inzwischen komplett unter Denkmalschutz. Ansprechende Cafés, Restaurants und Bed & Breakfast-Herbergen ziehen neben den Kunstgalerien noch immer viele Besucher und Kurzurlauber aus dem nicht weit entfernt gelegenen San Francisco und aus Sacramento an.

Weiter im Norden wird es deutlich kühler und nebliger. Grund dafür ist eine polare Meeresströmung. „Eureka", „ich habe es gefunden", soll der Kapitän eines Walfangbootes erleichtert gerufen haben, als er eine Einfahrt in die schützende Bucht und damit einen natürlichen Hafen gefunden hatte.

Aus der Eureka Bay ist inzwischen der bedeutendste Verladeplatz von Holz und der wichtigste Fischereihafen in ganz Nordkalifornien geworden.

Höllenhitze im Lassen Volcanic National Park: Der namengebende, 3187 m hohe Lassen Peak ist Teil des zirkumpazifischen „Ring of Fire", zu dem auch die Vulkankegel des Mount Shasta sowie des Mount Rainier und des Mount St. Helen im Bundesstaat Washington und des Mount Hood in Oregon gehören.

Eiseskälte am Lake Helen, ebenfalls im Lassen Volcanic National Park: Unweit von hier beginnt eine beliebte Wanderung auf den Gipfel des Mount Lassen, von dessen Spitze man bei klarem Wetter den Mount Shasta sehen kann.

Üppige, ungezügelte Natur im Fern Canyon des Prairie Creek Redwoods State Park, dem nördlichsten Zipfel bei Orick.

Wapitis (in den USA meist „Elk" genannt) sind deutlich größer als europäische Rothirsche.

Special

St.-Andreas-Graben

Warten auf „The Big One"

Kalifornien liegt am östlichen Rand des rund um den Pazifischen Ozean reichenden „Ring of Fire", einer erdaktiven Zone mit regelmäßigen Erdbeben und Vulkanausbrüchen.

Der St.-Andreas-Graben ist die größte der vielen tektonischen Verwerfungen des Bundesstaates. Seit rund 60 Millionen Jahren reiben sich in Küstennähe auf einer Länge von 1300 Kilometern die pazifische und die nordamerikanische Erdplatte aneinander, beide etwa 300 Kilometer dick. Immer wieder kommt es zu kleineren Erschütterungen, zuweilen auch zu größeren Beben. Das gewaltige Erdbeben am 18. April 1906 und die darauffolgenden Brände legten den größten Teil von San Francisco in Trümmer. Auch in jüngerer Zeit schüttelte sich die Erde. Wann wieder eine gewaltsame Entladung aufgestauter Erdspannungen, „The Big One", den Bundesstaat heimsuchen könnte, ist nicht vorhersehbar. Nur *dass* es irgendwann passieren wird, scheint sicher zu sein. Der St.-Andreas-Graben erstreckt sich, häufig deutlich auszumachen, von Point Arena parallel zur Küste über Fort Ross, Bodega Bay und Point Reyes nach San Francisco. Von dort zieht er durch die Santa Cruz Mountains nach Süden, am nördlichen Rand der San Gabriel Mountains an Los Angeles vorbei zu den San Bernardino Mountains und zum Salton Sea südlich von Palm Springs.

Urgewalten: Lassen Volcanic National Park.

Besuch beim „Wine Train"

Das Mikroklima nördlich der San Francisco Bay, durch das Küstengebirge von zu starken Regenfällen abgeschirmt, hat die Entwicklung zu einem der bedeutenden Weinanbaugebiete der Welt ermöglicht. Rot- und Weißweine aus dem Napa Valley, dem westlich benachbarten, beschaulicheren Sonoma Valley und dem Mendocino County im Hinterland der Pazifikküste haben unter Kennern den besten Ruf – und leider auch ihren entsprechend hohen Preis.

Besonders zur Weinlese erleben die sanften Weinhügel eine Invasion von Besuchern aus den Städten rund um die Bay. Zwischen Napa und St. Helena verkehrt in dieser Zeit ein „Wine Train", der zum Gourmet-Menü mit Champagner die idyllische Landschaft gemütlich an sich vorbeiziehen lässt. Viele Weingüter bieten Weinproben und Führungen durch die Kellereien an.

Als Padre José Altamira im Jahr 1823 einige Weinstöcke ins Sonoma Valley brachte, um Messwein für den katholischen Gottesdienst zu kultivieren, da konnte er nicht ahnen, welchen bedeutenden Grundstein er damit legte: Mit mehr als 400 Weingütern und 15 Weinregionen (Appellationen) gilt Sonoma County heute als vielseitigstes Premium-Weinanbaugebiet der USA.

WEINLAND KALIFORNIEN

Unbestritten edel

Zwischen Mendocino nördlich von San Francisco und dem Temecula Valley südlich von Los Angeles werden exzellente Rot- und Weißweine angebaut und mit großem Genuss getrunken.

Es geht nichts über eine Weinprobe mit guter Beratung.

Als im Jahr 1976 bei einer Verkostung von Spitzenweinen in Paris ein Cabernet-Sauvignon von den kalifornischen Stag's Leap Wine Cellars aus dem Napa Valley den ersten Platz belegte und renommierten Weinhäuser aus Bordeaux und dem Burgund hinter sich ließ, war die Sensation perfekt: Ein Wein aus der diesbezüglich bis dahin noch eher mitleidig belächelten Neuen Welt konnte ohne Weiteres mit den traditionsbewussten Winzern aus Frankreich und Italien mithalten! Inzwischen genießen kalifornische Tropfen aus dem Napa und Sonoma Valley unter Kennern einen exzellenten Ruf. Nach und nach haben sich auch die großen französischen und italienischen Namen in das sanfthügelige Terroir nordöstlich von San Francisco eingekauft und produzieren selbst kalifornische Weine. Heute bauen mehr als 4000 Betriebe auf rund 200 000 kalifornischen Hektar Weinreben an, aus deren Trauben sie schlichten Traubensaft herstellen, den sie aber auch zu Spitzentropfen veredeln. Mit einem Ertrag von rund 26 Millionen Hektolitern im Jahr sind sie für 90 Prozent der Weinproduktion in den USA verantwortlich. Damit ist Kalifornien nach Frankreich, Italien und Spanien weltweit der viertgrößte Weinproduzent. Jede fünfte Flasche wird exportiert, vor allem nach Kanada, Japan und nach Westeuropa.

Von der Sonne verwöhnt

Wie aus einem Füllhorn bringt die fruchtbare Erde Kaliforniens beste Erzeugnisse hervor, die von den Winzern auf beeindruckende Weise veredelt werden. Neben dem Boden spielt natürlich das Klima für den Weinanbau in Kalifornien eine besondere Rolle. Es wird von der hohen Sonneneinstrahlung und vor allem durch zwei in Nord-Süd-Richtung verlaufende Gebirgszüge bestimmt. Die Coast Range, das bis zu 1200 Meter hohe Küstengebirge, reicht nördlich von San Francisco und südlich von Monterey bis an den Pazifik heran. Nur rund 200 Kilometer weiter im Landesinneren erheben sich die 4000er-Gipfel der Sierra Nevada. Von

Auch im – zum Sonoma County gehörenden – Russian Valley werden die leckersten Tropfen angebaut.

Stete Traube schöpft den Wein. Auch wenn es zunehmend Edelstahltanks gibt – Holzfässer werden immer wichtig bleiben.

den großen Feldern im Central Valley zwischen den beiden Bergketten werden meist günstige halbtrockene Alltagsweine gekeltert, Rosinen, Weintrauben und Traubensaft produziert.

Die besten Weine

Die Weinregionen mit den besten Weinen, im Mendocino County, im Sonoma und im Napa Valley nördlich der San Francisco Bay sowie im Santa Ynez Valley zwischen Solvang und Santa Barbara liegen in einer Übergangszone, die gleichermaßen vom heißen Inlandsklima wie von maritimen Einflüssen bestimmt wird. Hier gibt es viele warme, sonnige Tage, aber auch kühle Meeresbrisen und Nebel, die durch Gebirgseinschnitte und Senken von Westen in die Täler strömen. Die Weintrauben können in diesem Mikroklima schön langsam und ganz gleichmäßig reifen. Ihre ausgeprägte Fruchtnote entwickelte sich zu einem besonderen Merkmal „typisch kalifornischer" Weine.

Besuchenswerte Weingüter

Clos Pegase
1060 Dunaweal Lane/SR 29, Calistoga, Tel. 707/942 49 81;
tgl. 10.30–17.00, Führungen 11.30 und 14.00 Uhr.
www.clospegase.com

Beringer Vineyards
2000 Main Street/SR 29, St. Helena, Tel. 707/302 75 92;
Juni–Okt. tgl. 10.00–17.00 Uhr.
www.beringer.com

Viansa Winery
25200 Arnold Drive/ Highway 121, Sonoma,
Tel. 707/935 47 26; tgl. 10.00–17.00 Uhr.
www.viansa.com

Artesa Vineyards & Winery
1345 Henry Road, Napa, Tel. 707/224 16 68; tgl. 10.00–17.00 Uhr,
Führungen/Verkostungen gegen Gebühr tgl. 10.30 und 13.30 Uhr.
www.artesawinery.com

Domaine Chandon
1 California Drive, Yountville, Tel. 1-888/242 63 66; tgl. 10.00 bis
17.00, Führungen gegen Gebühr tgl. 10.30, 11.30, 13.00, 15.00 Uhr.
www.chandon.com

Frau mit Hut – steht ihr gut. Gut Lachen hat sie obendrein – denn ihr Wein kommt aus kalifornischen Landen, kann also nur ganz hervorragend sein …

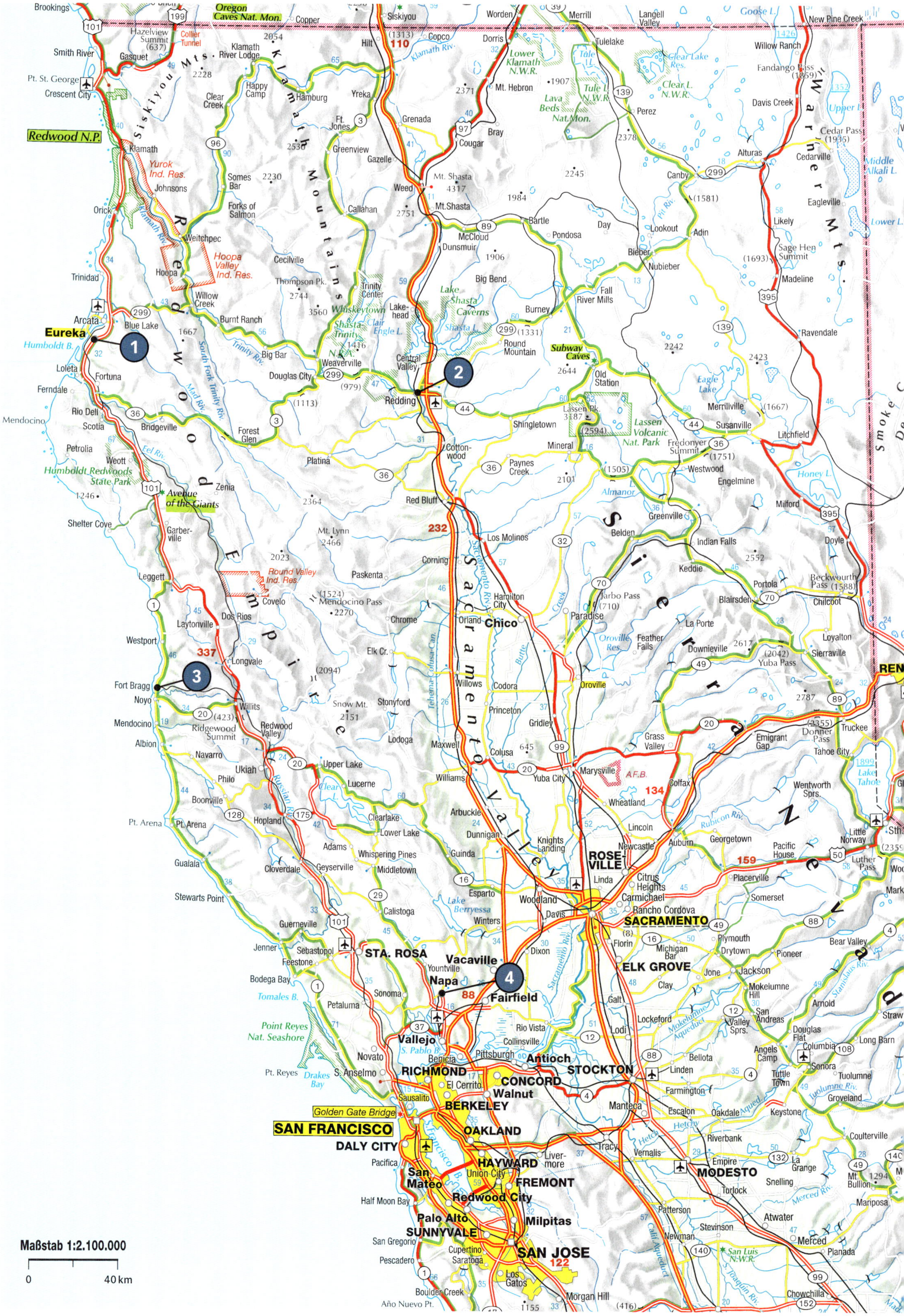
Redwood N.P.
Oregon Caves Nat. Mon.
Brookings
Copper
Siskiyou
Worden
Merrill
Langell Valley
Goose L.
New Pine Creek
Hazelview Summit
Collier Tunnel
Smith River
Gasquet
Klamath River Lodge
Copco
Klamath Riv.
Dorris
Tulelake
Willow Ranch
Lower Klamath N.W.R.
Clear Lake Res.
Fandango Pass
Pt. St. George
Crescent City
Siskiyou Mts.
Happy Camp
Hamburg
Yreka
Mt. Hebron
Tule L. N.W.R.
Clear L. N.W.R.
Clear Creek
Lava Beds Nat. Mon.
Davis Creek
Perez
Upper L.
Ft. Jones
Grenada
Bray
Cedar Pass
Klamath
Greenview
Cougar
Klamath Mountains
Alturas
Cedarville
Middle Alkali L.
Yurok Ind. Res.
Gazelle
Somes Bar
Johnsons
Mt. Shasta
Canby
Warner Mts.
Weed
Forks of Salmon
Callahan
Eagleville
Orick
Bartle
Day
Lookout
Likely
Lower L.
Pondosa
McCloud
Adin
Weitchpec
Dunsmuir
Sage Hen Summit
Hoopa Valley Ind. Res.
Cecilville
Bieber
Nubieber
Hoopa
Trinidad
Thompson Pk.
Trinity Center
Big Bend
Madeline
Lake Shasta Caverns
Fall River Mills
Willow Creek
Whiskeytown
Lakehead
Burney
Arcata
Blue Lake
Burnt Ranch
Shasta-Trinity N.R.A.
Clair Engle L.
Shasta L.
Eureka
Humboldt B.
Round Mountain
Ravendale
Big Bar
Subway Caves
Trinity Riv.
Weaverville
Central Valley
Loleta
Fortuna
Douglas City
Old Station
Ferndale
Redding
Eagle Lake
Redwood Empire
Lassen Pk.
Merrillville
Rio Dell
Shingletown
Lassen Volcanic Nat. Park
Susanville
Scotia
Bridgeville
Forest Glen
Mendocino
Petrolia
Cottonwood
Mineral
Fredonyer Summit
Litchfield
Weott
Platina
Paynes Creek
Westwood
Humboldt Redwoods State Park
Honey L.
Eel Riv.
Engelmine
Zenia
Avenue of the Giants
Red Bluff
Almanor
Milford
Shelter Cove
Greenville
Garberville
Mt. Lynn
Los Molinos
Belden
Doyle
Indian Falls
Sierra Nevada
Corning
Keddie
Round Valley Ind. Res.
Paskenta
Leggett
Sacramento Valley
Portola
Beckwourth Pass
Hamilton City
Jarbo Pass
Blairsden
Chilcoot
Covelo
Mendocino Pass
Paradise
Orland
Chico
La Porte
Laytonville
Dos Rios
Chrome
Oroville Res.
Feather Falls
Loyalton
Westport
Elk Cr.
Downieville
Sierraville
Yuba Pass
Longvale
Oroville
Willows
Codora
Fort Bragg
Noyo
Willits
Snow Mt.
Stonyford
Princeton
Reno
Mendocino
Ridgewood Summit
Redwood Valley
Gridley
Truckee
Albion
Lodoga
Maxwell
Grass Valley
Emigrant Gap
Donner Pass
Navarro
Colusa
Tahoe City
Ukiah
Upper Lake
Marysville
Yuba City
Lake Tahoe
Philo
Williams
A.F.B.
Lucerne
Colfax
Wentworth Sprs.
Boonville
Wheatland
Rubicon Riv.
Pt. Arena
Hopland
Clearlake
Arbuckle
Lincoln
Lower Lake
Dunnigan
Georgetown
Little Norway
Adams
Whispering Pines
Knights Landing
Newcastle
Auburn
Pacific House
Gualala
Guinda
Roseville
Luther Pass
Cloverdale
Geyserville
Middletown
Citrus Heights
Placerville
Stewarts Point
Linda
Esparto
Woodland
Carmichael
Somerset
Calistoga
Lake Berryessa
Rancho Cordova
Davis
Sacramento
Guerneville
Winters
Plymouth
Jenner
Sebastopol
Sta. Rosa
Florin
Michigan Bar
Bear Valley
Dixon
Drytown
Pioneer
Vacaville
Elk Grove
Feestone
Yountville
Jone
Jackson
Bodega Bay
Napa
Fairfield
Clay
Mokelumne Hill
Arnold
Tomales B.
Sonoma
Petaluma
Galt
San Andreas
Lockeford
Point Reyes Nat. Seashore
Rio Vista
Valley Sprs.
Douglas Flat
Vallejo
S. Pablo B.
Lodi
Collinsville
Angels Camp
Columbia
Novato
Benicia
Pittsburgh
Antioch
Bellota
Sonora
Pt. Reyes
Drakes Bay
S. Anselmo
Richmond
Stockton
Linden
El Cerrito
Concord
Tuolumne
Tuttle Town
Sausalito
Walnut
Farmington
Groveland
Berkeley
Manteca
Golden Gate Bridge
Escalon
Oakdale
Keystone
San Francisco
Oakland
Riverbank
Daly City
Tracy
Vernalis
Coulterville
Pacifica
Hayward
Livermore
San Mateo
Union City
Empire
Modesto
La Grange
Fremont
Snelling
Mt. Bullion
Half Moon Bay
Redwood City
Turlock
Mariposa
Palo Alto
Milpitas
Patterson
Atwater
Sunnyvale
San Gregorio
Stevinson
Newman
Merced
Cupertino
San Jose
San Luis N.W.R.
Planada
Pescadero
Saratoga
Los Gatos
Boulder Creek
Morgan Hill
Chowchilla
Año Nuevo Pt.
Maßstab 1:2.100.000
0
40 km

Natur pur

Im landschaftlich besonders reizvollen Norden Kaliforniens finden Reisende die Weinanbaugebiete von Napa und Sonoma Valley, erloschene oder nur schlafende Riesenvulkane wie den Mount Shasta und den Lassen Peak sowie Sequoia-Baumriesen im Humboldt State Park und im Redwood National Park nicht weit von der Pazifikküste.

1 Eureka

Der Holz- und Fischerhafen an der Humboldt Bay ist das wirtschaftliche Zentrum der nebligen Nordküste. Reich ornamentierte viktorianische Villen, gebaut um die Wende zum 20. Jahrhundert, dokumentieren den einstigen Reichtum der Holzbarone. Weiter im Norden zwischen Orick und Crescent City schützt der im Verbund mit einigen State Parks fast 700 km² große Redwood National Park bedeutende Bestände der Küsten-Sequoias. Crescent City liegt schon fast an der Grenze zu dem benachbarten Bundesstaat Oregon. Hellt das neblig-feuchte Klima auf, zeigt sich eine felsige Panoramaküste mit grünem Hinterland, die sich 60 km weit nach Norden bis zum Smith River streckt.

SEHENSWERT

Rund 100 im viktorianischen Stil erbaute **Holzhäuser** machen einen Spaziergang durch die Old Town zum Genuss. Das **Clarke Historical Museum** hat eine bemerkenswerte Sammlung regionaler indigener Kunst zusammengetragen (240 E Street, www.clarkemuseum.org; Mi.–Sa. 11.00–16.00 Uhr).

HOTELS UND RESTAURANTS

Die opulente Bed & Breakfast-Herberge von 1878, **Abigail's Elegant Victorian Mansion**, steht seit langem unter Denkmalschutz (1406 C Street, Eureka CA 95501, Tel. 707/444 31 44, www.eureka-california.com; Zimmer ab 104 $ ohne Frühstück). Acht ansprechende B&B-Zimmer in hübscher Gartenanlage bietet der **Shaw House Inn** (703 Main Street, Ferndale CA 95536, Tel. 707/786 99 58, www.shawhouse.com; Zimmer ab 125 $ inkl. Frühstück). Herzhafte Küche mit großen Portionen serviert man seit mehr als 100 Jahren im **Samoa Cookhouse** (Cookhouse Road, Samoa-Halbinsel vor Eureka, Tel. 707/442 16 59, www.samoacookhouse.net). Leckere mediterrane Snacks gibt's im Bistro **Brick & Fire**, 1630 St. Eureka, Tel. 707/268 89 59, www.brickandfirebistro.com.

UMGEBUNG

Der **Redwood National Park** (www.nps.gov/redw) zieht sich mit einigen angegliederten State Parks von Eureka bis an die Grenze zu Oregon im Norden. Hier stehen die größten Bäume der Welt, wie der 111 m hohe National Geographic Tree. Ein Wanderweg vom Redwood Information Center bei Orick führt zum eindrucksvollen Tall Trees Grove. Im **Humboldt Redwoods State Park**, dem mit rund 200 km² größten Nordkaliforniens, sind rund 40 Prozent der weltweit noch nicht abgeholzten Küstenredwoods geschützt (Humboldt Redwoods State Park, Weott, www.humboldtredwoods.org). Der Bundesstaat und die private „Save-the-Redwoods"-Liga haben verschiedene Haine mit den *Sequoia sempervirens* aufgekauft und unter Naturschutz der Allgemeinheit zur Verfügung gestellt. Über 100 Redwood-Haine sind nach privaten Mäzenen benannt.
Avenue of the Giants TOPZIEL nennt sich die rund 50 km lange schmale Straße parallel zum Highway US 101, die sich entlang des Eel River durch eines der ältesten Waldgebiete der Erde schlängelt. Immer wieder führen Spazierwege zu besonders gewaltigen, rund 100 m hohen Bäumen, neben denen menschliche Besucher wie Zwerge wirken. Benbow, Miranda oder Weott nennen sich die winzigen Orte entlang der Highways, versteckt zwischen Redwood-, Nadel- und Eichenwäldern. In den dichten Waldgebieten um Garberville hatten sich in den 1980er-Jahren illegale Marihuana-Plantagen versteckt – doch auch diese Zeiten sind inzwischen längst vorbei.

Oben: das Battery Point Lighthouse bei Crescent City. Rechts: Giganten des Waldes – Redwoods.

INFORMATION

Eureka/Humboldt County Visitors Bureau, 322, First Str., Eureka CA 95501, Tel. 1-800/346 34 82, www.redwoods.info

2 Redding

Die mit rund 90 000 Einw. größte Stadt im Norden Kaliforniens und Hauptstadt des Shasta County liegt inmitten einer dünn besiedelten Landschaft von Wäldern, Wiesen und Bergen; eine Region, die durch extreme Temperaturunterschiede bekannt ist, mit starker Hitze im Sommer und bis zu –50°C im Winter. Die mehr als 1000 km² große Whiskey-town-Shasta-Trinity National Recreation Area mit dem Shasta Lake und anderen Stauseen bietet Wassersportvergnügen und endlose Wandermöglichkeiten. Mit dem 4322 m hohen Mount Shasta, der schon bei der indigenen Bevölkerung kultische Verehrung genoss, und dem 3187 m hohen Lassen Peak, in dem es immer noch brodelt und zischt, ragen die beiden spektakulärsten Vulkanberge Kaliforniens nur rund 50 km voneinander entfernt im Norden und im Osten in den Himmel.

SEHENSWERT
Im **Shasta State Historic Park** wird die Zeit des Goldrausches lebendig, mit windschiefen Gebäuden, alten Gerätschaften und einer Kunstausstellung rund um Gold und Bergbau (an der SR 299; Do.–So. 10.00–17.00 Uhr). Das Bergbaustädtchen **Shasta** (5 km westl.) wurde zur Geisterstadt, als sich die Goldminen erschöpften. Architektonisch interessant ist die 213 m lange **Sundial Bridge**.

HOTEL UND RESTAURANT
Tiffany House ist ein gepflegtes Bed & Breakfast auf einem Hügel mit Mt.-Shasta-Blick (1510 Barbara Road, Redding CA 96003, Tel. 530/244 32 25, www.tiffanyhousebb.com; Zimmer inkl. Frühstück ab 125 $). Das **Café Maddalena**, ein gemütliches Restaurant im Bistro-Stil, serviert mediterran inspirierte Gerichte (5801 Sacramento Avenue, Dunsmuir, Rtg. Mt. Shasta, Tel. 530/235 27 25, www.cafemaddalena.com).

UMGEBUNG
Der östl. gelegene **Lassen Volcanic National Park** (www.nps.gov/lavo, Information Center in Mineral) ist der Überrest eines gewaltigen Kraters, der vor 300 000 Jahren explodierte. Die Lassen Park Road führt am 3187 m hohen Lassen Peak vorbei durch den Park, zu den Dampfsäulen von Hot Springs und den Thermalquellen

Oben: Weingut Clos Pegas im Napa Valley. Rechts oben: Blick aus dem Heißluftballon auf dieses Tal. Darunter: orthodoxe Kirche in Fort Ross, einer Niederlassung der Russisch-Amerikanischen Handelskompagnie.

und Schlammtöpfen von Bumpass Hell; die Straße ist bis in den Mai meist nicht passierbar. Die Natur formte in den letzten 500 000 Jahren rund um den ehem. Medicine Lake Vulkan die bizarre Landschaft des **Lava Beds National Monument** mit Kratern und mehreren hundert Höhlen (nordöstl. des Mt. Shasta). Die „Lava Tubes" entstanden, als das flüssige Gestein an der Oberfläche schon erkaltet war, darunter aber noch weiter floss.

INFORMATION
Visitor Center at Turtle Bay Exploration Park, 844 Sundial Bridge Dr., Redding 96001, Tel. 530/225 41 00, www.visitredding.com

Tipp

Skunktrain

Von ihrem Depot in Fort Bragg schnauft und stampft die Eisenbahn 65 km durch die hügeligen Wälder des Hinterlandes. Auf dem Dreieinhalbstunden-Trip geht es auf der im Jahr 1885 eingerichteten „**Redwood Route**" über 30 Brücken und durch einen Tunnel, am Noyo River Canyon entlang und vorbei an Hainen mit eindrucksvollen turmhohen Redwood-Bäumen. Den Spitznamen „Stinktier" *(Skunk)* erhielt der Zug in den 1920er-Jahren, als er mit übel riechendem Diesel befeuert wurde.

INFORMATION
The Skunk Train, Laurel Street, Fort Bragg, Tel. 707/964 63 71, www.skunktrain.com (dort gibt es auch einen Kalender mit den Fahrzeiten)

3 Fort Bragg

Fort Bragg ist mit seinen Sägewerken ein traditionelles Zentrum der Holzindustrie. Von Fort Ross, in der ersten Hälfte des 19. Jh. Stützpunkt russischer Pelzjäger und -händler, bis Mendocino und Fort Bragg führt der Highway 1 parallel zur rauen Steilküste des Pazifischen Ozeans. Immer wieder tauchen kleine Siedlungen auf wie Bodega Bay, wo Hitchcock den Film „Die Vögel" gedreht hat. Auf den Klippen kann man zuweilen Robben und Seelöwen ausmachen. Im Hinterland von Santa Rosa bis Mendocino werden exzellente Weine angebaut.

SEHENSWERT
Der **Fort Ross State Historic Park** (an der SR 1, 20 km nördl. Jenner; nur Fr.–So. geöffnet, www.fortross.org) war 1812 bis 1841 Stützpunkt russischer Pelzhändler, die ihren Einfluss gegen das spanische „Alta California" abgrenzen wollten. Palisaden und Gebäude sind restauriert und illustrieren ein wenig bekanntes Kapitel der nordamerikanischen Geschichte. Durch den 20 ha großen **Mendocino Coast Botanical Garden** führen Spazierwege vorbei an Nadelbäumen, Farnen aller Art, Fuchsien, Rhododendren, Kamelien, Rosen und Iris bis an die Küste des Pazifik (an der SR 1, knapp 2 km südl. Mendocino, www.gardenbythesea.org; März–Okt. tgl. 9.00–17.00, sonst bis 16.00 Uhr). Im **Mac Kerricher State Park** gleich nördl. von Fort Bragg lässt sich nicht nur nett picknicken, an den Felsen kann man fast immer Robben beobachten. Im Frühjahr und Herbst ziehen Wale vorbei.

HOTELS UND RESTAURANT
Mendocino Hotel & Garden Suites ist ein zentral gelegenes, restauriertes viktorianisches Hotel mit 50 Zimmern (45080 Main Street, Mendocino CA 95460, Tel. 707/937 05 11, www.mendocinohotel.com; Zimmer ab 115 $), **Pine Beach Inn** ein komfortables kleines Hotel zwischen Mendocino und Fort Bragg in hübscher Gartenanlage (16801 North Highway 1, Fort Bragg CA 95437, Tel. 707/964 56 03, www.pinebeachinn.com; Zimmer ab 90 $). Kalifornisch-französische Küche im historischen Viertel von Mendocino wird im **Cafe Beaujolais** serviert (961 Ukiah St., Tel. 707/937 56 14, www.cafebeaujolais.com).

INFORMATION
Fort Bragg-Mendocino Coast Chamber of Commerce, 217 South Main St, Fort Bragg, CA 95437, Tel. 707/961 63 00, www.mendocinocoast.com

4 Napa

Von der gleichnamigen County-Hauptstadt ziehen sich der Highway 29 und etwas weiter im Osten der Silverado Trail durch eine ländliche Idylle bis nach Calistoga, das auch für seine heißen Quellen und einen Geysir bekannt ist, nach Norden.

Wie der Yellowstone National Park hat auch das Napa Valley seinen regelmäßig Wasser zum Himmel schleudernden Old Faithful Geysir.

SEHENSWERT
Nicht nur der Yellowstone National Park, auch das **Napa Valley** TOPZIEL hat seinen **Old Faithful Geysir** (1299 Tubbs Lane, Calistoga), der alle 30 bis 50 Minuten eine rund 20 m hohe Wassersäule in den Himmel schleudert.

MUSEEN
Fans von Charlie Brown, Snoopy und Lucy können in die Cartoon-Welt des **Charles M. Schulz Museum** eintauchen; der in Minnesota geborene Zeichner (1922–2000) lebte die letzten Jahre vor seinem Tod in Santa Rosa (2301 Hardies Lane, Santa Rosa, http://schulzmuseum.org; Ende Mai–Anf. Sept. Mo.–Fr. 11.00–17.00, Sa. und So. 10.00–17.00 Uhr, sonst Di. geschl.). Im **Jack London State Historic Park** finden Besucher die Ruinen des abgebrannten Hauses und ein Museum des Bestsellerautors; Wanderwege erschließen das parkähnliche Grundstück (2400 London Ranch Road, Glen Ellen, südöstl. Santa Rosa; März–Nov. tgl. 9.30 bis 17.00 Uhr, sonst Di. geschl.).

HOTELS UND RESTAURANTS
Cedar Gables Inn ist ein romantisches Bed & Breakfast, mit Antiquitäten eingerichtet (486 Coombs Street, Napa CA 94559, Tel. 707/224 79 69, www.cedargablesinn.com; Zimmer ab 250 $), **Dr. Wilkinson's Hot Springs Resort** ein nostalgisches Badehotel mit heißen Schlammpackungen (1507 Lincoln Avenue, Calistoga CA 94515, Tel. 707/942 41 02, www.drwilkinson.com; Zimmer ab 135 $). Die Ende des 19. Jh. von einem Deutschen gegründete schmucke Herberge **The Sonoma Hotel** hat einst als Lagerraum gedient; exzellentes Restaurant „the girl and the fig" mit französisch inspirierter Küche (110 West Spain Street, Sonoma CA 95476, Tel. 800/468 60 16, www.sonomahotel.com; Zimmer ab 150 $). Im wuchtigen ehem. Gebäude der Christian Brothers Winery servieren heute Studenten des Culinary Institute of America die leichte kalifornisch-mediterrane Küche des **Wine Spectator Greystone Restaurant** (2555 Main Street, St. Helena, nördl. Napa, Tel. 707/967 10 10). Das Restaurant **Redd** bietet kalifornische Fusion-Küche mit mediterranen und asiatischen Einflüssen; ausgezeichnete Weinliste heimischer Gewächse (6480 Washington Street, Highway 29, Yountville, nördl. von Napa, Tel. 707/944 22 22, www.reddnapavalley.com).

UMGEBUNG
Die meisten Weingüter des benachbarten **Sonoma Valley** verteilen sich zwischen Santa Rosa und dem Sonoma Lake im Norden. Chardonnay wird hier angebaut, aber auch Riesling und Sauvignon Blanc. Bei den Roten gehören Cabernet Sauvignon, Merlot, Pinot Noir und der Zinfandel zu den Favoriten.

INFORMATION
Napa Valley Welcome Center, 600 Main Street, Napa, CA 94559, Tel. 707/2265895; Sonoma County Tourism Bureau, 3637 Westwind Blvd., Santa Rosa, CA 95403, Tel. 707/522 58 00, www.SonomaCounty.com

Genießen Erleben Erfahren

DuMont Aktiv

Schäumende Wasser

Im „North State", wie viele den Norden Kaliforniens schlicht nennen, gehört das Rafting zu den beliebten Outdoor-Vergnügen. Mit stabilen Gummiflößen geht es auf munter sprudelnden Flüssen oder durch schäumende Stromschnellen stromabwärts.

Schon aus der Ferne sind die stabilen Gummiflöße und ihre mit gelben und orangen Schwimmwesten ausgestatteten Passagiere als bunte Flecken auszumachen. Wer näher kommt, hört auch die ausgelassenen Rufe, die der „Thrill", durch die Wogen der Wildflüsse zu tanzen, unweigerlich auslöst. Der Yuba oder der American River und die anderen schnellen Zuflüsse durch das Gold Country in den Ausläufern der Sierra Nevada östlich von Sacramento sind die Top-Reviere für Rafter. Dazu kommen die Flüsse und Bäche im wasserreichen Norden zwischen dem magischen Mount Shasta und Redding, der inoffiziellen Hauptstadt des „North State".

Vor allem im Frühjahr, wenn der Winterschnee auf den Bergen taut, oder nach längeren Regenfällen wird der gemütliche „Upper Sac", der Upper Sacramento River, zum Wildwasserrevier mit über 50 Stromschnellen auf genauso vielen Flusskilometern. Auch die Stromschnellen auf dem eher ruhigen Klamath ganz im Norden, Kaliforniens längstem Fluss, bekommen dann Schaumkronen. Wer nicht bloß auf die Wasserstrudel schaut, dürfte in der dünn besiedelten Region auch von der Fauna – mit Reihern und Fischadlern, Schildkröten, Fischottern – und den vielen Wasserfällen bei den Zuflüssen begeistert sein.

Weitere Informationen

American River Raft Rentals, 11257 S. Bridge St., Rancho Cordova, Tel. 916/635 64 00, www.raftrentals.com bietet Touren auf dem American River nicht weit von Sacramento an.

Tributary Whitewater Tours veranstaltet Touren in beiden Schwerpunktregionen (Tel. 530/3 46 68 12, www.whitewatertours.com).

PETZL

Gold, Geister-orte und viele Bergriesen

Die majestätischen, bis zu 4000 Meter hohen Berggipfel der Sierra Nevada grenzen Kalifornien nach Osten ab. Spektakuläre Natur bildet hier das größte touristische Kapital, Geisterorte und verlassene Minen in den westlichen Ausläufern des Gebirges erzählen vom großen Goldrausch vergangener Tage.

Klettern in den Bergen der Sierra Nevada – frau gönnt sich ja sonst nichts.

Westernatmosphäre in (Old) Sacramento: Man meint, hier läge noch Blei in der Luft, und jeden Moment könnten verwegene Gesellen um die Ecke reiten.

Nachts stimmungsvoll illuminiert: die Tower Bridge in Sacramento, Kaliforniens im Jahr 1849 gegründeter Hauptstadt.

Unter der Rotunde des California State Capitol steht seit 1883 die von Larkin Goldsmith Meade entworfene Carrara-Marmor-Skulpturengruppe „Columbus' Last Appeal to Queen Isabella".

Virginia & Truckee Railroad No. 12 „Genoa" im Eisenbahnmuseum von Sacramento.

Special

Order 9066

Auf Befehl

Im Februar 1942, zwei Monate nach dem Angriff der japanischen Luftwaffe auf Pearl Harbor, unterzeichnete Präsident Roosevelt die Executive Order 9066. Sie verfügte unter anderem die Internierung aller Japaner und Amerikaner mit japanischen Vorfahren.
Mehr als 120 000 Menschen, zwei Drittel von ihnen amerikanische Staatsbürger, wurden 1942 mit Bussen und leichtem Gepäck in notdürftige Camps, Gefängnisse und schnell errichtete Internierungslager verfrachtet. Bei Manzanar, in der Halbwüste westlich des Death Valley, blieben fast 11 000 Gefangene, darunter auch viele Jugendliche und Kinder, ohne Anklage oder Gerichtsverhandlung bis zum November 1945 interniert. Heute erinnert eine Gedenkstätte mit imposanter Ausstellung an das Schicksal dieser Menschen (www.nps.gov/manz/index.htm).

Er traute seinen Augen nicht: Dort, wo James Marshall am Fluss bei Coloma für den Deutsch-Schweizer Immigranten und Grundbesitzer John Sutter eine Sägemühle errichten sollte, schimmerten goldene Flecken am Bachgrund. Tatsächlich hatte das sprudelnde Wasser des American River pures Gold freigelegt. Und als die Kunde von dem unerhörten Fund wie ein Lauffeuer durchs Land ging, strömten Abenteurer und Glücksucher aus den gesamten USA in das gerade von Mexiko annektierte Kalifornien – die Folgen waren mindestens so tiefschürfend wie ein Erdbeben.

„Mother Lode", Haupterzader, nannten die Goldsucher Mitte des 19. Jahrhunderts die Region zwischen Mariposa und Sierra City, in der goldig schimmerndes Edelmetall bis an die Oberfläche reichte und Hunderttausende in einen Goldrausch versetzte. Claims wurden abgesteckt, Stollen in die Erde gegraben und der Sand in den Flussbetten nach glitzernden Körnern durchsiebt. Doch die leicht zugänglichen Fundstätten waren schnell ausgebeutet. Bergbaugesellschaften mit schwerem Gerät und dem notwendigen Kapital gruben tiefe Stollen in den Fels, um das Edelmetall aus dem Quarzgestein zu lösen. Auch wenn die Aussicht auf schnellen Reichtum nun nicht mehr locken konnte, blieben viele

Angeln wie hier Vater und Sohn im Carson River bei Markleeville südöstlich vom Lake Tahoe gehört zu den beliebtesten Freizeitvergnügungen.

Beim Auswaschen werden Erinnerungen wach an anno dazumal: Go for gold!

Bodie gilt als eine der am besten erhaltenen „Geisterstädte" der USA: Die in der zweiten Hälfte des 19. Jahrhunderts gegründete Goldgräbersiedlung wurde in den 1930er-Jahren aufgegeben.

„If you have to shoot – shoot": Am „Living History Day" in Columbia bekommt die Vergangenheit eine Gegenwart – und wer nicht aufpasst ein paar blaue Bohnen serviert.

Special

Die „Fortyniners"

Der große Goldrausch

Die einen kamen durch heiße Wüsten und über eisige Berggipfel. Andere erreichten den Westen über Mittelamerika oder umschifften auf gefährlicher Route Kap Horn. Ihr gemeinsames Ziel: die reichen Goldfelder von Kalifornien.

Noch während des Krieges gegen Mexiko war im Januar 1848 nicht weit von Sacramento im Bett des American River durch Zufall Gold gefunden worden. Schnell sprach sich der Fund herum, und spätestens, als US-Präsident Polk im Dezember desselben Jahres im amerikanischen Kongress einen kalifornischen Goldklumpen in die Höhe hob, gab es kein Halten mehr. Hunderttausende machten sich auf ins gelobte Land.

„Fortyniners" nannte man sie nach dem Jahr ihrer Ankunft in Kalifornien. Die Bevölkerungszahl von San Francisco und anderen Orten explodierte geradezu. Claims wurden abgesteckt und die Erde nach Goldspuren

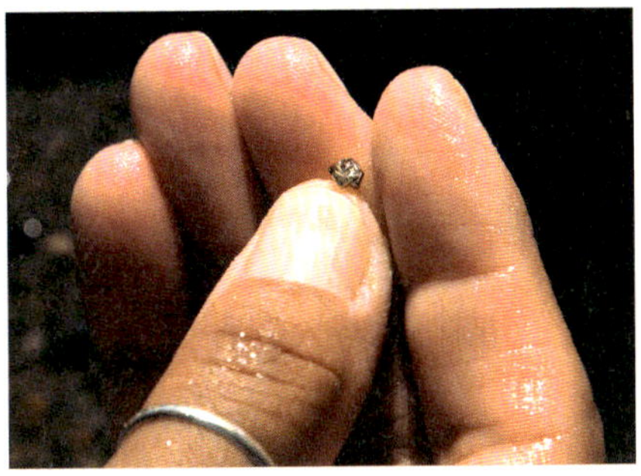

Ein Nugget macht noch keinen Sommer.

durchwühlt. Doch das große Geld wurde bei der Versorgung der Golddigger mit Lebensmitteln und Werkzeugen gemacht. Wenige Jahre später war die Zeit der privaten Glücksucher vorbei, und gut organisierte Minengesellschaften übernahmen das Kommando. Doch das eben von den USA annektierte Kalifornien war auf einen Schlag besiedelt und wurde schon im Jahr 1850 als 31. Bundesstaat in die Union aufgenommen.

im Land und versuchten sich eine Existenz aufzubauen. Erst 1968, 120 Jahre nach dem ersten Fund, wurde mit dem Tagebergbau bei Hammonton nördlich von Sacramento in Kalifornien die kommerzielle Goldförderung beendet.

Der State Highway 49 verbindet viele der 1849 gegründeten Bergbauorte wie Carson Hill, wo der mit einem Gewicht von knapp 73 Kilogramm größte Goldklumpen Kaliforniens gefunden wurde.

Die großen Vier

Collis Huntington, Leland Stanford, Charles Crocker und Mark Hopkins hatten ihr Gold nicht mit schwieligen Händen in der Erde gefunden, sondern es in Sacramento als Kaufleute für Textilien, Lebensmittel und Werkzeug verdient. Bei der Präsidentschaftskampagne 1860 unterstützten sie Abraham Lincoln. Auch sie waren gegen die Sklaverei und sahen die Zukunft nicht auf den Baumwollplantagen der Südstaaten, sondern im Maschinenzeitalter. Das riesige Land war schlecht erschlossen, Nachrichten, Menschen und Fracht waren lange und mühsam durch Wüsten, Berge und Indianerland unterwegs. Den „Big Four", wie die Vier bald genannt wurden, gelang es, die Lizenz für den Bau des westlichen Teils der transkontinentalen Eisenbahnstrecke zu erhalten – ein riesiges Geschäft. Bis

Mensch und Natur: Im Süden des Yosemite-Nationalparks liegt der Mariposa Grove mit seinen mächtigen Redwoods.

Rafting auf dem Merced River ist ein vergleichsweise ruhiges und höchst vergnügliches Unternehmen.

Die größten Lebewesen der Welt findet man an den Westhängen der Sierra Nevada.

Blick vom Glacier Point ins Tal des Merced River: Für Naturfreunde reihen sich im Yosemite National Park die Highlights.

das letzte Schienenstück 1869 in Utah verlegt war, erhielten sie für jede fertiggestellte Meile 18 000 Dollar und einen breiten Landstreifen beiderseits der Trasse von der Regierung in Washington. Ein weit gespanntes Netz von Immobilien- und Eisenbahnunternehmen verschaffte ihnen bald einen märchenhaften Reichtum und politischen Einfluss.

Die größten Lebewesen …

… der Welt findet man an den Westhängen der Sierra Nevada. Riesensequoias werden bis zu 3000 Jahre alt. Die engen Verwandten der Redwoods, die in der Küstenregion zwischen San Francisco und der Grenze zu Oregon Besucher in Erstaunen versetzen, sind „nur" knapp über 80 Meter hoch, erreichen aber dafür einen Durchmesser von mehr als elf Metern. Nicht durch die indigene Bevölkerung, die bereits 8000 Jahre lang die Sierra Nevada durchstreiften, erst durch die Einwanderer aus dem Osten Nordamerikas, die ihnen ab der Mitte des 19. Jahrhunderts mit Äxten und Sägen zu Leibe rückten, waren die Baumriesen tödlicher Gefahr ausgesetzt. Denn zu verlockend war die Vorstellung, aus nur einem gefällten Stamm gleich mehrere Häuser, hunderte Bahnschwellen oder Grubenhölzer herstellen zu können.

Waldbrände können den Baumriesen kaum etwas anhaben. Die bis zu 50 Zentimeter dicke Rinde schwitzt bei Hitze eine Flüssigkeit aus, die wie ein chemischer Feuerlöscher wirkt. Und Feuer ist sogar die Voraussetzung für neues Leben, denn erst bei einer entsprechenden Hitze öffnen sich die heruntergefallenen Zapfen und geben die Baumsamen frei. Die finden nun in dem zu nährstoffreicher Asche verbrannten Unterholz reichlich Nahrung und auch ausreichend Licht, um gedeihen zu können.

Schon Abraham Lincoln war von den Riesenbäumen beeindruckt und stellte im Jahr 1864 den Mariposa Grove im Yosemite Valley unter Naturschutz. Im Jahr 1890 entstanden dann der Yosemite und der Sequoia National Park.

NATIONALPARKS

Zu Tode geliebt?

Überfüllte Hauptdurchgangsstraßen, Parkplatzprobleme, erhöhte Konzentration von Auspuffabgasen – die Liebe (nicht nur) der Amerikaner zu den Nationalparks hat auch ihre Schattenseiten.

An Sommerwochenenden wälzt sich eine Autokarawane aus den Städten der Bay Area auf die Sierra Nevada zu. Viele Bewohner von San Francisco, Oakland oder San José wollen die Schönheit der Natur genießen, vor allem die Naturwunder des Yosemite National Park. Dort müssen Ranger sogar den Verkehr regeln; eine Tätigkeit, die eigentlich nicht in ihrer Stellenbeschreibung steht. Werden die Nationalparks buchstäblich „zu Tode geliebt“? Ersticken sie allmählich an den Besuchermassen?

Tatsächlich hat sich die Zahl der Nationalparkbesucher in den letzten 25 Jahren von zwei auf vier Million verdoppelt. Starker Autoverkehr bedeutet eine sehr hohe Beanspruchung der Straßen. Das zeigt auch die Zahl der Schlaglöcher, die wegen begrenzter Mittel nicht schnell genug repariert werden können. Wegen schlechten Straßenzustandes mussten zuweilen einzelne Strecken vorübergehend geschlossen werden.

„Lasst uns doch einfach die Eintrittspreise erhöhen, und das Problem ist gelöst“, meinten viele. Tatsächlich konnten sich viele die erhöhten Kosten für den Besuch von Nationalparks nicht mehr leisten und blieben weg.

Die Befürworter einer „Regulierung durch den Markt“ sahen sich bestätigt. Doch die grundlegende Idee hinter der Einrichtung von Nationalparks, der amerikanischen Bevölkerung die schönsten Naturschätze zu erhalten, und zwar nicht nur dem wohlhabenderen Teil, war so nicht mehr aufrechtzuerhalten.

Das brachte nun die Befürworter eines flexibleren Preissystems auf den Plan: Günstigere Eintrittspreise in nachfrageschwächeren Zeiten sollen weniger gut Betuchte zum Parkbesuch ermuntern und gleichzeitig bei erhöhten Gebühren in den Hochsaisonzeiten vom Besuch abhalten. Eine gleichmäßigere Verteilung der Besucherzahlen wäre das Ergebnis, ohne dass dabei ärmere Familien vom Parkbesuch ausgeschlossen würden.

Dem drängenden Parkplatzproblem versucht man mit der Eingrenzung des Individualverkehrs in besonders gefährdeten Bereichen zu begegnen – als Ersatz werden umweltschonende Transportmöglichkeiten wie zum Beispiel Elektrobusse angeboten.

Als John Muir, der Urvater des Nationalparksystems und Gründer des Sierra Clubs, sich vor mehr als 100 Jahren für besonders geschützte Nationalparks einsetzte, lebten in den USA gerade 100 Millionen Menschen, heute sind es allein in Kalifornien mehr als 35 Millionen. Um die Nationalparks bei einer drastisch gestiegenen Bevölkerungszahl und erhöhter Mobilität zu erhalten, bleiben Diskussionen notwendig, und so wird man auch noch die eine oder andere unpopuläre Entscheidung treffen müssen.

Gut gesichert: Kletterer im zum Weltnaturerbe der UNESCO gehörenden Yosemite National Park.

Ob nah am Fels oder mit weitem Blick (oben der zu Ehren des Parkrangers Clyde Boothe so benannte Boothe Lake): Ein Besuch des Yosemite National Parks ist in jedem Fall ein schönes Naturerlebnis.

Die Weltnaturschutzunion (IUCN)

Besichtigung & Führung
Aufgabe der 1948 gegründeten, auch die Roten Listen gefährdeter Arten veröffentlichenden Weltnaturschutzunion (International Union for Conservation of Nature and Natural Resources, kurz IUCN) ist es, die Gesellschaften für den Natur- und Artenschutz zu sensibilisieren und so zu beeinflussen, dass eine nachhaltige und schonende Nutzung der Ressourcen sichergestellt ist. Weltweit gibt es heute rund 6500 Nationalparks, die nach den Kriterien der IUCN geführt werden.

www.iucn.org

1
2
3
4
5
Sacramento Valley
Sierra Nevada
Nevada
San Joaquin Valley
Diablo Range
Santa Lucia Range
Temblor Range
Kettleman Hills
La Panza Range
Greenhorn Mts.
Tehachapi Mts.
White Mts.
Stillwater Mountains
SACRAMENTO
SAN FRANCISCO
OAKLAND
BERKELEY
RICHMOND
CONCORD
HAYWARD
FREMONT
SAN JOSE
Palo Alto
SUNNYVALE
Milpitas
Redwood City
San Mateo
Daly City
Vallejo
Napa
Vacaville
Fairfield
Antioch
STOCKTON
MODESTO
Merced
FRESNO
VISALIA
BAKERSFIELD
SALINAS
Monterey
Santa Cruz
San Luis Obispo
Pismo Beach
RENO
Sparks
Carson City
Virginia City
Sth. Lake Tahoe
Lake Tahoe
Truckee
ROSEVILLE
ELK GROVE
Chico
Oroville
Marysville
Yosemite Nat. Park
Yosemite Village
Kings Canyon Nat. Park
Sequoia Nat. Park
Devils Postpile Nat. Mon.
Mono Lake
Bodie (Ghost Town) State Historic Park
Lee Vining
Bishop
Mammoth
Tulare
Hanford
Porterville
Clovis
Mariposa
Sonora
Columbia
Jackson
Placerville
Auburn
Grass Valley
Maßstab 1:2.100.000
0
40 km

Auf Schatzsuche

Das schwer zugängliche Hochgebirge der Sierra Nevada birgt spektakuläre Naturschönheiten. Im Yosemite-Nationalpark wie in den Nationalparks Sequoia und Kings Canyon weiter im Süden sind tiefe Schluchten, steile Klippen, Stromschnellen, Wasserfälle und die Riesensequoias unter Naturschutz gestellt.

1 Sacramento

Die heutige Hauptstadt des US-Bundesstaates Kalifornien mit mittlerweile knapp 470 000 Einw. wurde 1848 auf dem Neu-Helvetien genannten Land des Schweizer Immigranten John Sutter (eigentl. Johann August Suter) gegründet, der aus einer wohlhabenden Familie badischer und elsässischer Papierfabrikanten und Druckereibesitzern stammte. Nach den Goldfunden entwickelte sich die kleine Siedlung schnell zu einem Versorgungszentrum für Minenarbeiter und Goldsucher. 1854 erhielt die Stadt am Sacramento River den Zuschlag als Hauptstadt des neuen US-Bundestaates.

SEHENSWERT

Es macht Freude, durch die vier Straßenblocks von **Old Sacramento** zu schlendern. Mit etwas Fantasie kann man entlang der restaurierten Häuser ein wenig von der Aufbruchsstimmung nachempfinden, die vor mehr als 160 Jahren die Bewohner beflügelte. **Sutter's Fort**, heute ein State Historic Park, war 1839 die erste Siedlung eines Europäers im Landesinneren von Kalifornien – seinerzeit noch mexikanisch; das in schlichter Adobe-Bauweise errichtete Fort ist restauriert (2701 L Street; tgl. 10.00–17.00 Uhr). Das neoklassizistische **State Capitol** (1861–1874) wirkt wie das verkleinerte Kongressgebäude im fernen Washington; Wandgemälde in seiner Rotunde zeigen Szenen aus der Geschichte Kaliforniens (10th Street; tgl. Führungen 9.00 bis 16.00 Uhr).

MUSEEN

Das **California State Railroad Museum** gehört zu den größten Eisenbahnmuseen der Welt. Ein Film dokumentiert die Geschichte der US-Eisenbahnen von 1860 bis 1960. Imposanter aber sind zwei Dutzend herausgeputzte historische Lokomotiven und rund 80 Waggons. An den Wochenenden im Sommer können Besucher eine knapp 10 km lange Eisenbahntour unternehmen (125 I-Street, www.csrmf.org; tgl. 10.00–17.00 Uhr). Das 1873 mit Spendengeldern von dem Eisenbahnmagnaten Charles Crocker ins Leben gerufene **Crocker Art Museum** gehört zu den ältesten Kunstmuseen der USA. Künstler aus Kalifornien sind neben Exponaten aus Europa prominent vertreten. Dazu exzellente Sammlungen asiatischer und afrikanischer Kunst (216 O-Street, www.crockerartmuseum.org; Di.–So. 10.00–17.00, Do. 10.00 bis 21.00 Uhr).

Vorbild Washington – das California State Capitol, Sitz der kalifornischen Legislative und des Gouverneurs.

HOTELS UND RESTAURANTS

Ein Schaufelraddampfer von 1927 hat auf dem Sacramento River endgültig festgemacht und beherbergt nun das originelle **Delta King Hotel**, das **Pilothouse Restaurant** und ein kleines Theater (1000 Front Street, Old Sacramento CA 95814, Tel. 916/444 54 64, www.deltaking.com; Zimmer ab 135 $). **Amber House** ist eine entzückende B&B-Herberge in Neokolonialstil der Wende zum 20. Jh. (1315 22nd Street, Sacramento CA 95816, Tel. 916/444 80 85, www.amberhouse.com; Zimmer ab 190 $, üppiges Frühstück inkl.). Für kalifornische Küche, bestens zubereitet und auf Wunsch mit den dazu passenden wohlmundenden Weinen serviert, ist die **Enotria Café & Wine Bar** bekannt (1431 Del Paso Boulevard, Tel. 916/922 67 92, www.enotria.com). Ein klassisches amerikanisches Grillrestaurant mit exzellenten Steaks und leckeren Fischgerichten ist der **Esquire Grill** (1213 K-Street, Tel. 916/448 89 00, www.paragarys.com).

UMGEBUNG

Der Marshall Gold Discovery State Historic Park bei **Coloma** zwischen Auburn und Placerville bewahrt den Ort, wo 1848 die ersten Goldnuggets gefunden wurden. Auch die Hütte, in der James Marshall lebte, und die Sägemühle, die er hier baute, sind restauriert und erhalten. Sein Grab befindet sich auf dem Gelände (State Highway 49, 310 Back St.; Park tgl. 8.00–19.00 Uhr, Museum Nov.–März 10.00–15.00, März bis Nov. bis 16.00 Uhr). Im Gold Rush Museum von **Auburn** an der SR 49 sind Werkzeuge zur Goldförderung ausgestellt (601 Lincoln Way; Di.–So. 11.00–16.00 Uhr). In **Placerville** lässt sich im Hangtown's Gold Bug Park & Mine eine alte Goldmine besichtigen; „Hangtown" wurde der Ort zu Goldrausch-Zeiten wegen seines rigorosen Umgangs mit den alltäglichen Gaunern und Verbrechern benannt (2635 Goldbug Lane, www.goldbugpark.org; April–Okt. tgl. 10.00 bis 16.00, sonst Sa. und So. 12.00–16.00 Uhr).

INFORMATION

Sacramento Convention and Visitors Bureau, 1608 I-Street, Sacramento CA 95814, Tel. 916/808 77 77, www.visitsacramento.com

2 Lake Tahoe

Der große ovale Bergsee auf dem Kamm der Sierra Nevada erstreckt sich über die Grenze von Kalifornien zu Nevada. Die alpinen Pisten rund um den See gehören zu den besten Wintersportgebieten der USA.

SEHENSWERT

Die halbrunde **Emerald Bay** TOPZIEL am buchtenreichen und bewaldeten Westufer zählt zu den besonderen Schönheiten am Lake Tahoe. **Vikingsholm** am südwestlichen Ende der Bucht wurde 1929 als Sommerresidenz im Stil einer norwegischen Burg gebaut

Goldfunde lösten hier einst einen Ansturm eifriger Glücksucher aus. Rund 300 000 Menschen strömten nach Westen.

Oben: Schlauchboottour auf dem Merced River. Rechts: Lauschiges Plätzchen für die morgendliche Yogastunde – ein Wasserfall am Lake Tahoe.

(www.vikingsholm.com; Ende Mai–Ende Sept. tgl. 10.30–16.00 Uhr, Touren dauern ca. 30 min).

HOTELS UND RESTAURANTS

Black Bear Inn ist eine imposante rustikal-luxuriöse Bed & Breakfast Lodge im Gebirge, nicht weit vom Heavenly-Valley-Skigebiet (1202 Ski Run Boulevard, South Lake Tahoe CA 96150, Tel. 530/544 44 51, www.tahoeblackbear.com; Zimmer ab 190 $ inkl. Frühstück). Eine gepflegte Anlage in Seenähe ist die **Red Wolf Lakeside Lodge** (7630 N. Lake Blvd., Tahoe Vista, CA96148, Tel. 530/546 62 62, DZ ab 160 $. Herzhafte Gerichte zu vernünftigen Preisen sind im **Blue Angel Café** zu haben (1132 Ski Run Boulevard, South Lake Tahoe, Tel. 530/544 65 44, http://theblueangelcafe.com). Am Nevada-Ufer bieten die Kasinos **Harrah's**, **Harvey's**, **Horizon** und **Montbleu** Glücksspiel und jeden Abend Cocktailshows.

UMGEBUNG

Der **Donner Memorial State Park** in Truckee nördlich vom See erinnert an eine 89-köpfige Auswanderergruppe, die im Winter 1846/1847 auf dem gleichnamigen Pass im Schnee stecken blieb. Die Hälfte der Gruppe überlebte nur, weil sie sich auch von den Verstorbenen ernährte (Museum tgl. 10.00–17.00 Uhr).

INFORMATION

North Lake Tahoe Visitors Bureau, 180 North Lake Boulevard, Tahoe City, CA 96145, Tel. 530/583 34 94, www.GoTahoeNorth.com; Lake Tahoe Visitors Authority, 169 Hwy 50, State Line, NV 89449, Tel. 775/588 59 00, www.tahoesouth.com

3 Columbia

Zehntausende Goldsucher versuchten in den westlichen Ausläufern der Sierra Nevada ihr Glück. Columbia, Sonora, Auburn und Placerville gehörten zu den Orten, die in kürzester Zeit Tausende beherbergten. Heute verbindet die State Road 49 viele Orte, in deren Umgebung die nach dem Jahr ihrer Ankunft in Kalifornien „Fortyniners" genannten Golddigger die Erde nach Goldspuren durchwühlten. Aus der Erzader bei Columbia konnte bis zum Jahr 1870 Gold im Wert von knapp 90 Mio. Dollar zutage gefördert werden. Damals hatte die Stadt 15 000 Bewohner, heute sind es 2300. Eine halbe Mio. Besucher lassen sich pro Jahr von der Western-Atmosphäre des historischen Zentrums einfangen, in dem „High Noon" und eine Reihe weiterer Hollywood-Streifen gedreht wurden.

SEHENSWERT

Im **Columbia State Historic Park** hat man einige Straßenzüge komplett restauriert. Autos sind hier nicht erlaubt. Dafür können Besucher mit einer Postkutsche fahren oder die Main Street entlangreiten.

HOTEL UND RESTAURANT

Hausgemachte amerikanische Klassiker – verschiedene Burger, Tacos und Rippchen – bestellt man im **Firewood** am Tresen, und sie schmecken bestens (420 Main Street, Murphys, 20 km vor Arnold, Tel. 209/728 32 48, www.firewoodeats.com).

INFORMATION

Columbia Chamber of Commerce, P.O. Box 1824, Columbia CA 95310, Tel. 209/536 16 72, www.visitcolumbiacalifornia.com

4 Yosemite

Im Jahr 1890 wurde der Nationalpark eingerichtet. 3081 km² groß, ist die UNESCO-Welterbestätte für Felsenlandschaften, Wasserfälle, Mammutbäume und Artenvielfalt bekannt. Von Westen ist der Nationalpark über drei Zufahrten bestens zugänglich; der Tioga-Pass nach Osten ist im Winter tief verschneit und oft erst im Lauf des Mai wieder befahrbar. Die Schönheit des Naturparks und die Nähe zum Ballungszentrum rund um die San Francisco Bay brachten dem Naturschutzgebiet ein vor allem im Sommer extrem hohes Fahrzeugaufkommen ein.

SEHENSWERT

Rund 1300 km ausgewiesene Wanderwege im **Yosemite National Park** TOPZIEL zu den schönsten Plätzen in der Natur lassen keine Wünsche offen. Der Blick vom Glacier Point in das von Gletschern der letzten Eiszeit ausgehobelte Tal des Merced River mit den beiden Yosemite-Wasserfällen, den Monolithen des El Capitan und des Half Dome, ist überwältigend.

HOTELS UND RESTAURANT

Die Nationalpark-Lodge **The Ahwahnee** mit dem Komfort eines Grand Hotels und ausgezeichnetem Restaurant erinnert mit ihrem Namen an den einst von hier vertriebenen Indianerstamm (Yosemite Valley, Tel. 406/522 16 54, www.nationalparkreservations.com; Zimmer ab 380 $, www.yosemitepark.com). Die Gäste des **Curry Village** wohnen in festen Steilwandzelten auf Holzplattformen (9010 Curry Village Drive, Tel. 801/559 48 84, www.yosemitepark.com; Kabinen ab 100 $). Der **Yosemite Lodge Food Court** im Nationalpark ist ein Selbstbedienungsrestaurant mit moderaten Preisen.

Tipp

Salziger See

Bizarre Tuffsteinspitzen und Buckel aus Bimsstein ragen aus dem flachen, salzigen Wasser. Inseln im See mit heißen Quellen zeigen, dass der Erduntergrund noch aktiv ist. Nach langen Bemühungen von Umweltschützern wird dem Mono Lake inzwischen kein Wasser mehr entnommen. Der Wasserpegel hat sich stabilisiert. Millionen Zugvögel laben sich an Salzwasserkrabben und Fliegen, die sich den unwirtlichen Lebensbedingungen angepasst haben.

INFORMATIONEN

Mono Basin Scenic Area Visitor Center, östl. von Yosemite und nördl. von Lee Vining. Die Region um den Mono Lake ist immer zugänglich. www.monolake.org

UMGEBUNG
Wer über den Tioga-Pass die Sierra Nevada nach Osten verlässt, steuert auf den **Mono Lake** zu. Nördl. des Sees, in **Bodie**, schürften einst 10 000 Menschen nach Gold. Heute ist es eine sehenswerte Geisterstadt. Weiter südl. stößt man dann auf **Devil's Postpile**, eine 20 m hohe Formation sechseckiger Basaltsteinsäulen.

INFORMATION
Yosemite Valley Visitor Center, Village Drive, Yosemite Village, Yosemite National Park, P.O. Box 577, Yosemite Village CA 95389, Tel. 209/372 02 00, www.nps.gov/yose

5 Sequoia and Kings Canyon

1890 (Sequoia) bzw. 1940 (Kings Canyon) sind die Gründungsjahre dieses landschaftlich vielgestaltigen Doppelnationalparks mit 3504 km² Fläche, vor allem bekannt für seine Riesenmammutbäume. Die Baumgiganten werden hier rund 80 m hoch, mit einem Umfang von bis zu 30 m gelten sie als die mächtigsten bekannten Lebewesen der Erde. Zwei Straßen tangieren den Park von Westen, eine kurze Stichstraße in den Kings Canyon und eine weite Kurve in den südlich anschließenden Sequoia Park. An diesem „Generals Highway" genannten Straßenabschnitt stehen einige der größten Bäume des Parks. Wer längere Wanderwege liebt, wird von der Natur belohnt. Zum Beispiel mit dem Anblick von 1500 Baum- und Pflanzenarten, die neben mehr als 200 Vogelarten sowie vielen anderen Tieren in der Bergwildnis ihren Lebensraum haben.

SEHENSWERT
Im **Giant Forest** wachsen Riesensequoias dicht an dicht. Unter ihnen der General Sherman Tree *(Sequoiadendron giganteum)*, mit einem Basisumfang von 31,30 m einer der gewaltigsten Bäume des Planeten. Sein Alter wird auf 1900 bis 2500 Jahre geschätzt.

HOTELS UND RESTAURANT
Die **Cedar Grove Lodge** an der CA 180 ist eine ordentliche Motelunterkunft direkt am Kings River im Nationalpark (Tel. 1-801/559 47 14, www.nationalparkreservations.com; Zimmer ab 129 $). Die **Wuksachi Lodge**, mitten im Park an der CA 198, bietet gepflegte Zimmer mit Aussicht auf die Berge und Wälder (64740 Wuksachi Way, Tel. 801/559 49 30, www.visitsequoia.com; Zimmer ab 115 $).
Grant Grove ist ein ordentliches Restaurant mit traditioneller Küche zu moderaten Preisen (Grant Grove Village, östl. Pinehurst im National Park, Tel. 559/335 55 00).

INFORMATION
Sequoia and Kings Canyon National Parks, 47050 Generals Highway, Three Rivers CA 93271-9700, Tel. 559/565 33 41, www.nps.gov/seki

Genießen Erleben Erfahren

DuMont Aktiv

Mit Pferden über Stock und Stein

Die Ausläufer der Sierra Nevada bieten sich für Reittouren geradezu an. Eine herrliche Bergszenerie abseits der Zivilisation, lichte Wälder und Bergwiesen machen die Trips für Anfänger und geübte Reiter gleichermaßen zum Vergnügen.

Wie im Wilden Westen: Den Stetson gegen die Sonne in die Stirn geschoben. Lässig im Sattel sitzen und den geduldigen Braunen souverän mit dem Druck der Oberschenkel oder einem leichten Zug am Zügel lenken. Den Proviant, die Zelte und alles, was man im Lager so braucht, tragen die Packtiere, die der erfahrene Outfitter sicher durch die Wälder der Sierra Nevada leitet. Viele Veranstalter bieten sogar Ausritte für Familien mit Kindern an, bei denen auch die Fürsorge für das Pferd gelernt wird. Andere haben Hochgebirgsweiden von Rinderranches als Ziel, schauen nach den Tieren und geleiten sie zur Futterstation.

Es lohnt sich schon, gleich einen mehrtägigen Trip einzuplanen. Abends wird ein Camp aufgebaut, mit Zelten und Lagerfeuer. Auch ein Koch ist dabei, der abends zum Barbecue einlädt. Vielleicht bleibt sogar Zeit genug, um in den glasklaren Bergbächen ein paar zusätzliche Forellen für den Grill zu angeln. „Fall Trail Drives", bei denen frei grasende Pferde im Herbst zu ihren Winterweiden getrieben werden, sind eher etwas für erfahrene Reiter.

Weitere Informationen

Frontier Pack Train
gehören zu den erfahrenen Veranstaltern von Reittrips im Yosemite Park und der Ansel Adams/Minaret Wilderness.
Tel. 760/873 79 71
www.frontierpacktrain.com

Rock Creek Pack Station
operiert von Bishop aus und bietet bis zu 10-tägige Touren an.
Tel. 760/872 83 31
www.rockcreekpackstation.com

Der Weg ist das Ziel

Der Highway 1 entlang der Pazifikküste bietet vor allem zwischen Carmel und San Simeon traumhafte Ausblicke auf steile Felsen und bewaldete Berghänge der Santa Lucia Range, die hier ins Meer abfallen. Aber auch kulturelle Höhepunkte sind in schillernder Vielfältigkeit zu finden – vom bizarren Schloss des einstigen Pressemoguls Hearst bis hin zu den steinernen Spuren des Glaubens, den spanischen Missionsstationen.

Traumstraße der Welt: der Highway 1 mit der im Jahr 1932 fertiggestellten, 280 Meter langen und über 85 Meter hohen Bixby Creek Bridge.

Kilometerlang erstreckt sich der Strand von Santa Cruz im Norden – der Board Walk ist ein regelrechter Freizeitpark.

Surferidyll an der Küste von Santa Barbara: „Girls just wanna have fun“, …

… Boys aber durchaus auch: Hier ein dynamischer Ritt auf der (zweifellos perfekten) Welle bei Santa Cruz.

Beachvolleyball an einem heißen Tag am Sandy Beach in Santa Barbara.

Special

Silicon Valley

Aufstieg der Dotcom-Community

Der Korridor zwischen Palo Alto im Norden und San Jose im Süden ist weltweit als „Silicon Valley" bekannt. Zwar entwickelte Dr. Lee de Forest schon im Jahr 1910 im Laboratorium der Federal Telegraph Company in Palo Alto wichtige elektronische Bauteile für die Entwicklung des Radios und von Ferngesprächen. Doch erst seit in den 1950er-Jahren Absolventen der Stanford University im benachbarten „Industrial Park" kleine Technologieunternehmen gründeten und in den 1960er-Jahren Tüftler in ihren Werkstätten und Garagen begannen, an Computern zu basteln, beschleunigte sich die Entwicklung zum Zentrum der Hochtechnologie. William Hewlett und David Packard hatten hier schon während des Zweiten Weltkriegs gute Geschäfte gemacht, ihr gemeinsames Unternehmen (HP) wurde zunächst mit Druckern groß, dann folgten PCs, Datenspeicher und Dienstleistungen. Als legendär gelten die „Basteleien" von Stephen Wozniak, die den ersten in Serie hergestellten und für Privathaushalte erschwinglichen „Personal Computer" zur Folge hatten – Ursprung der von Steven Jobs genial vermarkteten und von Jonathan Ive maßgeblich designten Firma Apple. Später kamen alle großen Namen der Computer- und IT-Branche wie Google (Alphabet Inc.), Yahoo und Facebook. Im Intel-Museum von Santa Clara wird die Entwicklung anschaulich dargestellt.

Global Player mit Sitz im Silicon Valley.

An den Stränden der Monterey Bay zwischen Santa Cruz und Monterey herrscht in den Sommermonaten in der Regel ein munter entspanntes Treiben, und das trotz der doch noch recht kalten Wassertemperaturen. Aber gleich im Hinterland bei Salinas und im fruchtbaren breiten Tal des Salinas River beginnt eine andere Welt. Landarbeiter aus Mexiko bauen auf großen Feldern Gemüse an, etwas weiter gedeiht Weizen: Das ist der zugleich der literarische Kosmos, in dem die Bücher von John Steinbeck spielen. Zwar waren es in dem in den 1930er-Jahren entstandenen Roman „Früchte des Zorns" entwurzelte Bauern aus Oklahoma, die in Kalifornien Fuß zu fassen versuchten – Parallelen zu den Einwanderern aus Mexiko in der heutigen Zeit sind aber unverkennbar. Mit sozialkritischen und naturalistischen Büchern wie „Von Mäusen und Menschen" und „Jenseits von Eden" machte sich Steinbeck seinerzeit bei den wohlhabenden Grundbesitzern der Region wenig Freunde, heute betrachtet man den im Jahr 1968 verstorbenen Schriftsteller von Weltrang in einem etwas milderen Licht. Ein gut besuchtes „National Steinbeck Center" in der Main St. nicht weit vom Geburtshaus des berühmtesten Sohnes von Salinas in der Central Avenue beschäftigt sich mit seinem Leben und

Bei Salinas steht diese viktorianische Farm inmitten ihrer Gemüsefelder (ganz rechts), Farmer sind hier die Größten (rechts). Unten: eine Morgenstimmung im Salinas Valley. Bis heute fühlt man sich in dieser Region vielerorts an den bekanntesten, im Jahr 1955 mit James Dean in der Hauptrolle verfilmten Roman von John Steinbeck erinnert: Jenseits von Eden *(East of Eden)*.

Werk, das 1962, sechs Jahre vor seinem Tod, mit dem Literaturnobelprreis geehrt wurde. Es informiert zugleich über die Geschichte der Landwirtschaft Kaliforniens und im Salinas Valley, über technische Innovationen, gesellschaftliche Verhältnisse der Menschen – und über deren Reflexion in der Kunst.

Dramatisches Naturschauspiel

Am rund 160 Kilometer langen Küstenabschnitt südlich von Monterey und Carmel treffen der pazifische Ozean und die Santa-Lucia-Bergkette dramatisch aufeinander. Die Brandung bricht sich an den Klippen. Canyons, von der Küstenstraße auf eleganten Brücken überwunden, schneiden tief in die Ausläufer der Berge ein. Das lange unzugängliche Terrain wurde erst in den 1930er-Jahren durch den Highway 1 erschlossen. Immer noch hat die Natur hier die Oberhand, Menschen siedeln nur vereinzelt. Zwischen Salinas und Paso Robles quert keine Straße die bis zu 50 Kilometer breite Wildnis des Küstengebirges. Gefährdete Tierarten wie der Kalifornische Kondor oder Wanderfalken konnten hier überleben, auch Steinadler kreisen zuweilen hoch in den Lüften. An einigen versteckten wie an den wenigen öffentlich zugänglichen Stränden sind die lange gnadenlos gejagten, bis zu 4,50 Meter großen und eine Tonne schweren See-Elefanten zu Hause. Die gewaltige Robbenart lebt einige Monate lang in Kolonien, um sich zu paaren, die Jungen zur Welt zu bringen und aufzuziehen. Danach trennen sie sich wieder.

Bei Piedras Blancas nördlich von San Simeon ist der Strand dicht mit Seelöwen bepackt. Hunderte dieser ebenfalls nicht gerade kleinen Robben liegen hier im Sand, bestens von einem Aussichtspunkt am Highway zu beobachten.

Von dort sind es nur wenige Kilometer zum Zauberberg des einstigen Pressemagnaten Hearst – einem der Erfinder des Sensationsjournalismus und Vorbild für Orson Welles Filmklassiker „Citizen Kane". Das Haupthaus *(Casa Grande)* der

Zu der im Jahr 1786 gegründeten Missionsstation Santa Barbara im gleichnamigen Ort gehört die als „Königin unter den Missionskirchen" gerühmte Kirche. Die Station wird heute wie zu spanischen Kolonialzeiten von Franziskanern betreut.

Dem römischen Meeresgott Neptun ist dieser Pool auf Hearst Castle gewidmet, das häufig auch als „kalifornisches Neuschwanstein" bezeichnet wird.

Special

Camino Real

Im Auftrag des Herrn

Der Weg des Königs, Camino Real, zieht sich von der Grenze zu Mexiko im Süden fast 1000 Kilometer bis nach San Francisco.

Um das Kolonialreich in Mexiko abzusichern und weiträumig gegen Interessen anderer europäischer Mächte zu schützen, ließ der spanische König zwischen 1769 und 1823 von San Diego bis Sonoma von Franziskanermönchen unter Leitung von Pater Junípero Serra 21 Missionskirchen errichten, jeweils etwa eine Tagesreise voneinander entfernt. Vier in größeren Abständen angelegte Festungen *(Presidios)*, beherbergten zudem einige Hundert Soldaten, um die spanischen Ansprüche militärisch zu bekräftigen. Gemüsegärten, Obstplantagen und Viehhaltung sollten die Missionsstationen mit Lebensmitteln versorgen. Zum Christentum bekehrte Indianer besorgten die Landarbeit. In Friedhöfen hinter vielen Missionskirchen liegen die Überreste vieler Tausender von ihnen.

Im La Purisima Mission State Historic Park.

Sie fielen den von Europäern eingeschleppten Krankheiten zum Opfer. Nach dem Sieg der Revolution in Mexiko und der Annexion Kaliforniens durch die USA Mitte des 19. Jahrhunderts verfielen viele der Gotteshäuser. Erst spät besann man sich in Kalifornien auf dieses historische Erbe. Dank vieler Einwanderer aus Mexiko führen inzwischen einige Missionskirchen als Mittelpunkte aktiver katholischer Gemeinden ein zweites Leben.

doch leicht überdimensioniert wirkenden Schlossanlage mit ihren 37 Schlafzimmern, drei Gästehäusern und den Gebäuden der früheren Ranch seiner Eltern, die sich einst 60 Kilometer entlang der Küste ausdehnte, hat viele illustre Gäste gesehen wie Charlie Chaplin und Winston Churchill, Greta Garbo und Clark Gable.

Das Refugium des Citizen Hearst

Während das Haupthaus der Giralda, dem Turm der Kathedrale im spanischen Sevilla, nachempfunden ist, gleicht das Neptune-Bad einem griechisch-römischen Tempel. An den Wänden der Prunkräume hängen belgische Gobelins, die Kassettendecken brachte man aus italienischen Palazzi hierher. Auch Kamine der Renaissancezeit wurden aus verschiedenen Regionen Europas hierher geschafft. Auf Tischen mit handgeschnitzten Verzierungen stehen silberne Kandelaber aus barocker Zeit. Flure sind mit römischen Sarkophagen dekoriert. Das Auge hat hier kaum eine Chance zum ruhigen Verweilen. Dabei konnten viele der auf der ganzen Welt zusammengekauften Schätze dieser eklektischen und manchmal etwas kurios anmutenden Kunstsammlung gar nicht in dem Riesenbau untergebracht werden. Sie mussten irgendwo zwischengelagert werden oder wurden verschiedenen Museen zur Verfügung gestellt.

Am 17-Mile Drive, einem die Halbinsel von Monterey umrundenden Abschnitt des Highway 1, wacht eine vom Wind schon reichlich zerzauste einsame Zypresse über dem Pazifik.

Der Pesadero Point am 17-Mile-Drive: ein Ort für Sonnenuntergänge – und für Fotografen, die diese Sonnenuntergänge gern im Bilde festhalten wollen ...

Die Channel Islands vor der Küste von Santa Barbara sind ein ganz besonders schönes Fleckchen Erde.

Kalte Meeresströmungen sorgen für die häufig auftretenden Nebel – hier in der Moro Bay (ganz oben; darunter ein sich offenbar recht wohlfühlender Seeotter in der Monterey Bay).

Auf rund 400 Millionen US-Dollar werden die Kosten des im Jahr 1919 begonnenen und 28 Jahre dauernden Baus nach heutigen Preisen geschätzt. Als Ausgleich für hohe Steuerschulden kam das fantastische Anwesen fünf Jahre nach dem Tod des 88 Jahre alt gewordenen Medienzaren 1951 an den Bundesstaat Kalifornien. So können sich jetzt rund eine Million Besucher pro Jahr einen Eindruck vom Lebensstil und Kunstgeschmack des einstigen Milliardärs machen, der sein Leben lang auf der Jagd nach neuen Methoden war, Nachrichten zu vermitteln und zu verkaufen – so gehörte Hearst natürlich auch zu den ersten Besitzern eines Fernsehapparats in den USA.

Wunderbare Natur vor den Toren der Megalopolis

Die Channel Islands vor der Küste von Santa Barbara sind ein ganz besonders schönes Fleckchen Erde. Als Nationalpark unter Schutz stehend und bis auf einige Ranger und Camper unbewohnt, konnte sich die Natur hier nach und nach wieder erholen, nachdem frühe Siedler und Pelzjäger die Wälder gerodet sowie Seelöwen und Robben stark dezimiert hatten. Wilder Lotus und rund siebzig weitere Pflanzenarten leben nur hier, auch der scheue graubraune Inselfuchs, eine handlange Nachtechse und der Kalifornische Pelikan fühlen sich mit Abertausenden Seevögeln auf den menschenleeren Eilanden wohl. Da hier eine kalte Meeresströmung von Norden mit einer warmen von Süden zusammentrifft, konnte sich auch unter der Wasseroberfläche eine einzigartige Flora und Fauna entwickeln. In den unterseeischen Tangwäldern leben der rund zwei Meter groß werdende *Stereolepis gigas*, ein Wrackbarsch, sowie die über einen halben Meter groß werdende rotgraue Kalifornische Languste und der Sonnenstern, der mit seinen vielen gelbroten Armen fast einen Meter Durchmesser erreichen kann.

Schwer vorzustellen, dass nur wenige Dutzend Kilometer weiter im Osten schon Santa Monica und die Küste der Millionenmetropole Los Angeles beginnt.

Die besten Locations zum Essen und Trinken

„Sight-Eating"

Eigentlich sollte man sich ja nicht vom Essen ablenken lassen. Bei diesen Adressen könnte es allerdings Probleme geben. Die spektakulären Aussichten auf Berge, Seen oder von Rooftop-Bars konkurrieren mit dem Anblick, der sich auf dem Teller bietet. Auf alle Fälle ist ein Besuch hier – so oder so – lohnenswert.

1 Greens Restaurant

Vegetarische Delikatessen in der Tradition des Zen-Buddhismus vom Feinsten. Das Restaurant gehört zu den besten in Kalifornien. Wer sich vom Anblick der salvadorianischen Pupusa-Tortilla, gefüllt mit Gartenkürbis, Frühlingszwiebeln, Serrano-Chili, Hokkaidokürbis, fruchtig scharfer Salsa Amarilla und Koriander oder anderer Kunstwerke auf den Tellern lösen kann, wird mit einer Aussicht durch die großen Fenster auf die Marina, das Golden Gate und die Hügel von Marin County belohnt.

Fort Mason, Building A,
San Francisco, CA 94123,
Tel. 415/771 62 22, www.
greensrestaurant.com

2 The View Lounge

Der Name ist Programm. Riesige halbrunde Fenster offerieren aus dem 39. Stockwerk des Marriott Marquis Hotels Panoramablicke auf San Francisco und über die Bay. Die Bar mixt klassische und bunte Cocktails, einen Manhattan natürlich oder den legendären Marquis 25 mit Gin, frischem Zitronensaft und Grand Marnier. Salami von der Bay mit hausgemachten Pickles, eine regionale Käseplatte, gebackener Ziegenkäse in pikantem Tomatenfondue oder kalifornische Tapas stillen den Appetit.

780 Mission St.,
San Francisco, CA 94103,
Tel. 415/442 60 03,
www.sfviewlounge.com

3 Japanese Tea Garden

Vor allem im Frühjahr, wenn die Kirschbäume blühen, ist der Anblick auf die vielfarbige Blütenpracht im ursprünglich zur Weltausstellung 1894 gestalteten Golden Gate Park einfach himmlisch schön. Dazu werden im Teehaus neben der Pagode an einem traditionellen japanischen Irori-Tisch mit Blick auf eine harmonisch gestaltete Landschaft und einen Teich stilgerecht Reiskuchen und Grüner Tee serviert. Einer (unbestätigten) Legende nach, sollen hier einst die „Glückskekse" erfunden worden sein.

Golden Gate Park,
75 Hagiwara Tea Garden Dr,
San Francisco, CA 94118,
Tel. 415/752 11 71, http://
japaneseteagardensf.com

4 Nepenthe

Die Ausblicke auf die malerisch-schroffe Küstenlandschaft von Big Sur südlich von Monterey sind einfach spektakulär. Kein Wunder, dass Orson Welles hier einst seine Braut Rita Hayworth über die Schwelle getragen hat. Heute kann sich jedermann im Restaurant oder im Café Kevah vom traumhaften Panorama inspirieren lassen und hoffen, dass es noch immer wie ein Zaubermittel gegen Kummer und Leid („Nepenthe") hilft. Auch der legendäre Ambrosia-Burger soll schon Wunder gewirkt haben.

48510 Highway #1,
Big Sur, California 93920,
Tel. 831/667 23 45, www.
nepenthebigsur.com

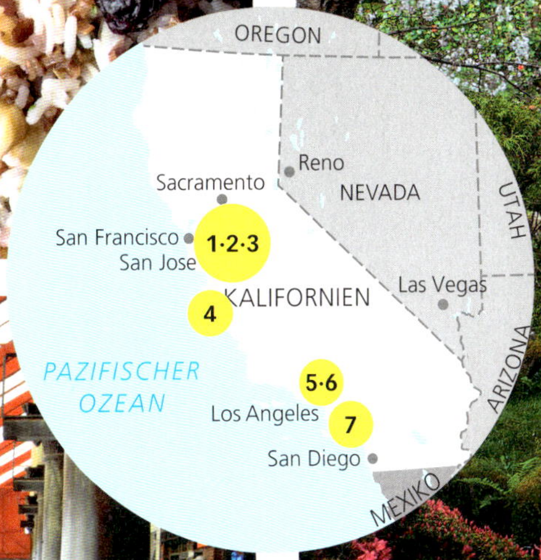

7 Las Brisas

Können sich drei Millionen Besucher irren? So viele genießen die langen Strände von Laguna Beach südlich von Los Angeles pro Jahr. Den tollsten Ausblick auf die langgezogene, sichelförmige und von den San Joaquin Hills eingerahmten Sandbucht des gepflegten Städtchens genießt man auf der hochgelegenen Terrasse des Las Brisas – vormittags bei einem exzellenten Buffet-Frühstück oder später zu wunderbarer Pasta oder frischen Meeresfrüchten.

360 Cliff Dr, Laguna Beach, CA 92651, Tel. 949/497 54 34, www.lasbrisaslagunabeach.com

5 Sidewalk Cafe

Die Aussicht ist bestens, natürlich auf den breiten Strand und den Pazifik, vor allem aber auf das Spektakel von Venice Beach mit Straßenmusikern, Wahrsagern, Bodybuildern und anderen Selbstdarstellern, die sich auf dem Venic-Boardwalk von früh bis spät selbst zelebrieren. Das Essen auf den rot-weiß gemusterten Tischen des Snack-Restaurants mit seinem Angebot von Omeletts, Burgern, Tacos oder Sandwiches kann man dabei fast vergessen.

1401 Ocean Front Walk, Venice, CA 90291, Tel. 310/399 55 47, http://thesidewalkcafe.com

6 Perch Bistro and Bar

Den herrlichem Blick die Skyline des wiederbelebten Downtown-LA mit seinen Wolkenkratzern, über Stadt und Umgebung können die Gäste der Perch Rooftop Lounge im 16. Stock eines Bürogebäudes am Pershing Square bis tief in die Nacht genießen und dazu an einem frischen kalifornischen Weißwein nippen oder einen gehaltvollen quietschbunten Cocktail schlürfen. Für coole Musik sorgt ein DJ. In der Etage darunter gibt es leichte kalifornische Küche, dazu spielt eine Kombo Jazz und Blues.

448 Hill St., Los Angeles, CA 90013, Tel. 213/802 17 70, http://perchla.com

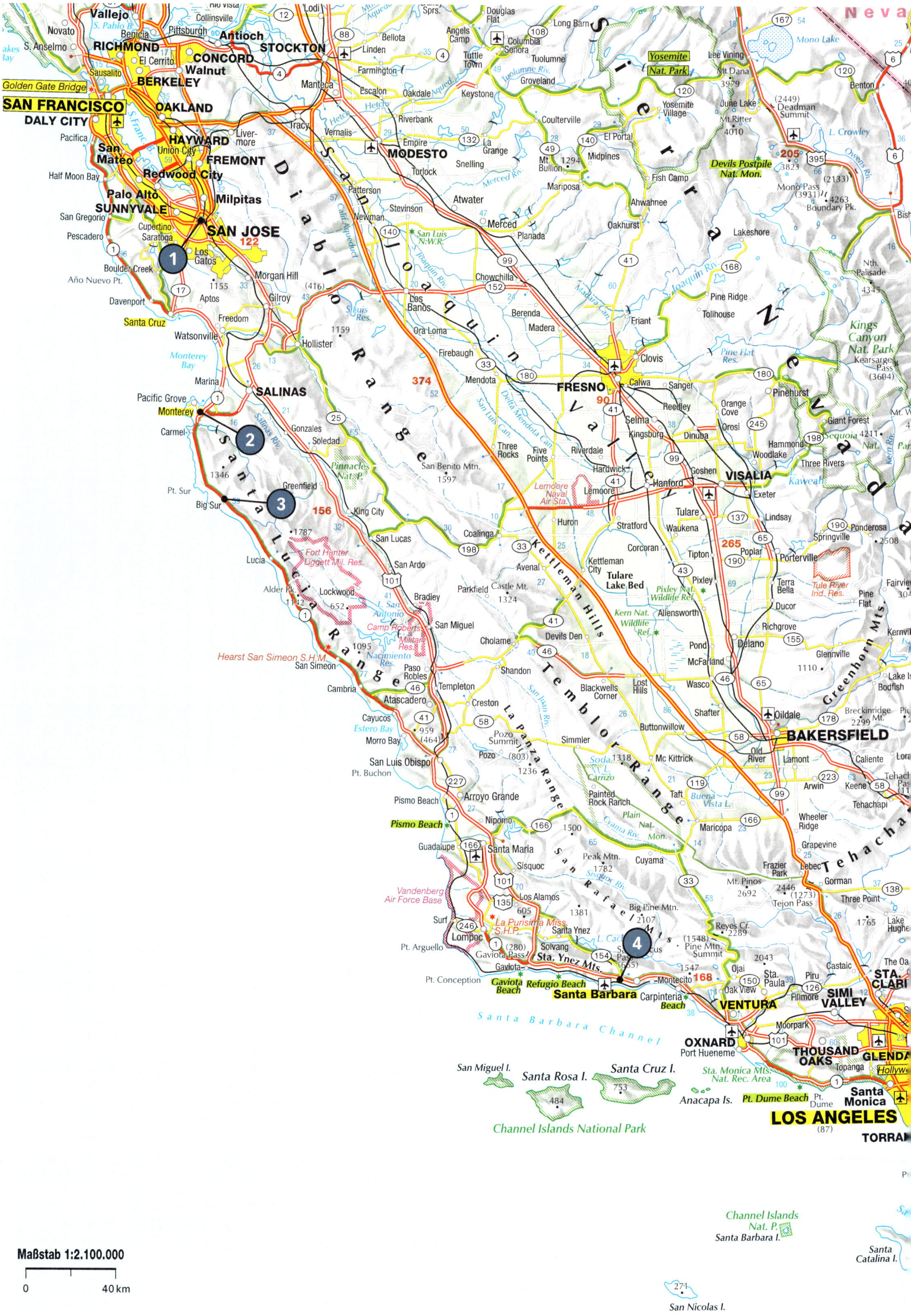

SAN FRANCISCO
DALY CITY
Golden Gate Bridge
OAKLAND
BERKELEY
RICHMOND
Vallejo
Novato
S. Anselmo
Sausalito
El Cerrito
Benicia
Pittsburgh
Antioch
CONCORD
Walnut
STOCKTON
Lodi
Collinsville
Pacifica
San Mateo
HAYWARD
Union City
FREMONT
Redwood City
Livermore
Tracy
Manteca
Half Moon Bay
Palo Alto
SUNNYVALE
Milpitas
San Gregorio
Pescadero
Cupertino
Saratoga
SAN JOSE
Los Gatos
Boulder Creek
Año Nuevo Pt.
Davenport
Santa Cruz
Aptos
Morgan Hill
Gilroy
Freedom
Watsonville
Hollister
Monterey Bay
Marina
Pacific Grove
Monterey
SALINAS
Carmel
Gonzales
Soledad
Pinnacles Nat. P.
Pt. Sur
Big Sur
Greenfield
King City
San Lucas
San Ardo
Lucia
Fort Hunter Liggett Mil. Res.
Alder Pk.
Lockwood
Bradley
San Miguel
Camp Roberts Military Res.
L. San Antonio
L. Nacimiento Res.
Hearst San Simeon S.H.M.
San Simeon
Cambria
Paso Robles
Templeton
Atascadero
Cayucos
Estero Bay
Morro Bay
San Luis Obispo
Pt. Buchon
Arroyo Grande
Pismo Beach
Nipomo
Guadalupe
Santa Maria
Sisquoc
Vandenberg Air Force Base
Los Alamos
La Purisima Miss. S.H.P.
Surf
Lompoc
Pt. Arguello
Pt. Conception
Gaviota
Gaviota Pass
Gaviota Beach
Refugio Beach
Solvang
Santa Ynez
Sta. Ynez Mts.
Santa Barbara
Montecito
Carpinteria Beach
Santa Barbara Channel
San Miguel I.
Santa Rosa I.
Santa Cruz I.
Anacapa Is.
Channel Islands National Park
Ojai
Sta. Paula
VENTURA
OXNARD
Port Hueneme
Moorpark
THOUSAND OAKS
SIMI VALLEY
Sta. Monica Mts. Nat. Rec. Area
Pt. Dume Beach
Pt. Dume
Santa Monica
LOS ANGELES
GLENDALE
Topanga
Castaic
Piru
Fillmore
Diablo Range
San Joaquin Valley
Santa Lucia Range
La Panza Range
Temblor Range
Kettleman Hills
San Rafael Mts.
Sierra Nevada
Greenhorn Mts.
Tehachapi
MODESTO
Modesto
Riverbank
Oakdale
Escalon
Ripon
Vernalis
Empire
Turlock
Patterson
Newman
Stevinson
Atwater
Merced
Planada
Chowchilla
Los Banos
Dos Palos
Ora Loma
Firebaugh
Mendota
San Benito Mtn.
Coalinga
Avenal
Kettleman City
Tulare Lake Bed
Huron
Lemoore
Lemoore Naval Air Sta.
Stratford
Corcoran
Hanford
Three Rocks
Five Points
Riverdale
Madera
Berenda
FRESNO
Clovis
Calwa
Sanger
Reedley
Selma
Kingsburg
Dinuba
VISALIA
Tulare
Exeter
Lindsay
Porterville
Tipton
Pixley
Delano
Wasco
Shafter
Oildale
BAKERSFIELD
Lamont
Arvin
Taft
Maricopa
Buttonwillow
McKittrick
Lost Hills
Blackwells Corner
Shandon
Cholame
Parkfield
Devils Den
Creston
Pozo
Simmler
Soda L.
Carrizo Plain
Painted Rock Ranch
Cuyama
Kern Nat. Wildlife Ref.
Pixley Nat. Wildlife Ref.
Allensworth
Tejon Pass
Frazier Park
Lebec
Grapevine
Gorman
Tehachapi
Keene
Caliente
Wheeler Ridge
Mt. Pinos
Pine Mtn. Summit
Big Pine Mtn.
Peak Mtn.
Yosemite Nat. Park
Yosemite Village
Mono Lake
Lee Vining
Mt. Dana
June Lake
Deadman Summit
Mt. Ritter
Devils Postpile Nat. Mon.
Mono Pass
Boundary Pk.
El Portal
Midpines
Mariposa
Mt. Bullion
Coulterville
La Grange
Snelling
Groveland
Tuolumne
Sonora
Columbia
Angels Camp
Tuttle Town
Keystone
Douglas Flat
Long Barn
Fish Camp
Ahwahnee
Oakhurst
Lakeshore
Pine Ridge
Tollhouse
Friant
Kings Canyon Nat. Park
Pinehurst
Orange Cove
Orosi
Giant Forest
Sequoia Nat. Park
Three Rivers
Kaweah L.
Woodlake
Springville
Ponderosa
Terra Bella
Ducor
Richgrove
Glennville
Tule River Ind. Res.
Breckinridge Mt.
Buena Vista L.
Maßstab 1:2.100.000
0
40 km

Stets das Meer in Sicht

Der bekannteste Abschnitt des legendären Highway 1 zieht sich meist in Sichtweite des Pazifiks nach Süden, besonders spektakulär in Big Sur, dem Küstenstreifen zwischen Carmel und San Simeon. Weiter nördlich liegen Santa Cruz und Monterey, östlich der Monterey Bay liegt das Silicon Valley. Im Süden schließen sich das Weinanbaugebiet des Santa Ynez Valley und Santa Barbara, der Höhepunkt der „Amerikanischen Riviera, an.

1 San Jose

Die „Hauptstadt des Silicon Valley" war 1849 kurzfristig sogar die Kapitale von ganz Kalifornien. Fast eine Million Menschen leben in der Wirtschaftsmetropole im Süden der San Francisco Bay. 1777 gründeten die Spanier das Pueblo San José, mit Rinderweiden und Ackerland zur Versorgung von San Francisco und Monterey. Auch wenn in der Region noch immer große Weingüter existieren, sind die Orte im Südwesten der Bay zwischen Palo Alto und San Jose heute weltweit eher als Ideenschmiede und Produktionsstätte für High-Tech-Produkte bekannt.

SEHENSWERT

Das **Winchester Mystery House** gehörte der Erbin des Waffenfabrikanten (525 South Winchester Boulevard, www.winchestermystery house.com; Jan.–März tgl. 9.00–17.00, April bis Dez. 9.00–19.00 Uhr, verschiedene Touren im 15-minütigen Abstand). Im **Tech Museum of Innovation** werden Besucher zum Mitmachen aufgefordert. Experimente beschäftigen sich mit Naturwissenschaft und Computertechnik (Park Avenue/201 South Market Street, www. thetech.org; tgl. 10.00–17.00 Uhr).

HOTELS UND RESTAURANT

Cowper Inn ist ein gemütliches B&B in einer ruhigen Seitenstraße der Universitätsstadt (705 Cowper Street, Palo Alto CA 94301, Tel. 650/ 327 44 75, www.cowperinn.com; Zimmer ab 180 $), das **Moorpark Hotel** ein schickes Stadthotel im modernen Stil (4241 Moorpark Avenue, San Jose CA 95129, Tel. 408/864 03 00, www.jdv hotels.com/moorpark; Zimmer ab 109 $). **71 Saint Peter** serviert moderne Küche mit frischen Produkten der Umgebung (71 North San Pedro Street, San Jose, Tel. 408/971 85 23, www.71saintpeter.com).

UMGEBUNG

Die 1891 gegründete Stanford University in **Palo Alto** (nordw.) hat in der wissenschaftlichen Welt und bei den Unternehmen des benachbarten Silicon Valley einen erstklassigen Ruf. Die im neoromanischen Stil erbauten, von Efeu berankten Gebäude des Campus sind, ebenso wie die auf dem Gelände liegende Kunstsammlung des Cantor Center for Visual Arts, einen Besuch wert. **Santa Clara**, gleich westl. von San Jose, ist Sitz vieler Computerunternehmen. Das Intel Museum zeichnet die Entwicklung der Mikroprozessoren anschaulich nach (2200 Mission College Boulevard, Intel Building, www. intel.com/museum; Mo.–Fr. 9.00–18.00, Sa. 10.00 bis 17.00 Uhr). Das Gebäude der 1777 eingerichteten Mission Santa Clara de Asis, 1851 zu einer jesuitischen Hochschule umgewandelt, wurde im Stil der Bauten von 1825 restauriert (Universitätscampus, So.–Fr. tagsüber).

Oben: das Winchester Mystery House in San Jose. Rechts oben: Ein Grizzly ziert seit 1911 die kalifornische Flagge. Darunter: bunte Unterwasserwelt im Monterey Bay Aquarium.

INFORMATION

San Jose Convention and Visitors Bureau, 408 Almaden Boulevard, San Jose, CA 95110, Tel. 408/295 96 00, www.sanjose.org
Santa Clara-Silicon Valley Central Chamber of Commerce, 1850 Warburton Avenue, Santa Clara CA 95050, Tel. 408/244 82 44, www.santaclarachamber.com

2 Monterey

Die zu Beginn des 17. Jh. gegründete zeitweilige Hauptstadt des spanischen und mexikanischen Kalifornien wurde später Walfangstation und Fischereihafen. John Steinbeck aus dem nahen Salinas schuf mit seinem Roman „Straße der Ölsardinen" ein drastisches Porträt der Fischverarbeitung am Hafen von Monterey. Konservenfabriken gibt es in der Cannery Row längst nicht mehr, dafür Restaurants und Andenkenläden, außerdem das schönste Meeresaquarium der amerikanischen Westküste. Carmel, mit seiner bestens erhaltenen spanischen Missionsstation und Villengrundstücken an der Pazifikküste, gilt als luxuriöses Refugium.

SEHENSWERT

Im **Monterey Bay Aquarium** TOPZIEL zeigen über 6500 Meerestiere den Besuchern, wie es unter der Meeresoberfläche des Pazifiks aussieht (886 Cannery Row, www.monterey bayaquarium.org; Mai–Sept. Mo.–Fr. 9.30 bis 18.00, sonst tgl. 10.00–17.00 Uhr). Im **Monterey State Historic Park** geben verschiedene öffentliche und private Gebäude einen Eindruck vom Leben zu spanischen Kolonialzeiten und in den ersten Jahren als US-Bundesstaat (20 Custom House Plaza; Mai–Sept. tgl. 9.00–17.00, sonst 10.00–16.00 Uhr). Die gut restaurierte **Mission San Carlos** in Carmel ist die letzte Ruhestätte des seliggesprochenen Mönchs Junípero Serra (1713–1784), der in den Neuen Welt 24 Missionsstationen und Klöster gründete (3080 Rio Road, www.carmelmission.org; Museum tgl. 9.30–19.00 Uhr).

HOTELS UND RESTAURANTS

Der **Old Monterey Inn** ist ein luxuriöses Bed & Breakfast am Ortsrand (500 Martin Street, Monterey CA 93940, Tel. 831/375 82 84, www.oldmontereyinn.com; Zimmer ab 280 $), das **Red Roof Inn** eine ordentliche Motelunterkunft (2227 North Fremont Street, Monterey CA 93940, Tel. 831/372 75 86, www.redroofinnn.com; Zimmer ab 80 $). Das **Montrio Bistro** in Downtown Monterey präsentiert mediterrane Küche mit regionalen Zutaten (414 Calle Principal, Tel. 831/648 88 80, www.montrio.com). **John Pisto's Whaling Station** ist ein schickes Steak- und Fischrestaurant nicht weit von der Cannery Row (763 Wave Street, Monterey, Tel. 831/373 37 78). Das **Aubergine** im Hotel L'Auberge Carmel serviert Fusion-Küche auf hohem Niveau (Seventh Avenue & Monte Verde Street, Carmel, Tel. 831/624 85 78).

VERANSTALTUNG

Weltweiten Ruf genießt das **Monterey Jazz Festival** (www.montereyjazzfestival.org, Sept.).

Tipp

Blaue Stunde

Es ist schon etwas Besonderes, wenn man bei der **Dämmerungstour** im **Hearst Castle** aus dem Salon des Pressezaren der im Pazifik versinkenden Sonne zuschauen kann. Darsteller, in Abendgarderobe der 1920er-Jahre um den Neptune Pool gruppiert, geben einen Eindruck davon, wie es wohl damals auf Empfängen ausgesehen haben mag.

INFORMATION

Hearst San Simeon State Historical Monument, Touren starten beim Hearst Castle Visitor Center, Reservierung und Infos Tel. 805/927 20 20 und www.hearstcastle.com

Blick vom Pfeiffer Big Sur State Park auf den sich an der Pazifikküste entlang schlängelnden Highway 1 und auf versteckte Sandbuchten am (kalten) Meer.

UMGEBUNG

Jeder Besucher von **Santa Cruz** auf der gegenüberliegenden Buchtseite spaziert den fast einen Kilometer langen Board Walk am Wasser entlang; hier gibt es Karussells, Achterbahnen und andere Freizeitvergnügen. Die Hauptattraktion von **Salinas** östl. im Hinterland ist das dem Leben und der Zeit des Literaturnobelpreisträgers gewidmete National Steinbeck Center. Eine vorzügliche Ausstellung zur Entwicklung der Landwirtschaft zeigt den gesellschaftlichen Hintergrund der Werke des in Salinas geborenen Schriftstellers (1 Main Street, www.steinbeck.org; tgl. 10.00–17.00 Uhr). Höhlen und Cliffs der **Point Lobos State Reserve** südl. Carmel sind die Heimat von Robben, Seelöwen, Seeottern (www.pointlobos.org).

INFORMATION

Monterey County Convention & Visitors Bureau, 7687 Munras Ave, Monterey CA 93940, Tel. 831/657 64 00, www.seemonterey.com;
Carmel Visitor Center, P.O. Box 4444 (San Carlos zwischen 5. und 6. Straße), Carmel CA 93921, Tel. 831/624 25 22, www.carmelcalifornia.org

3 Big Sur

Die Küstenstraße, der Highway No. 1, windet sich von Carmel rund 150 km nach Süden: dicht an den Fels geschmiegt, Täler mit eleganten Brückenbögen überwindend, immer mit Blick auf die felsige, raue Pazifikküste. Der Name entstand aus dem spanischen „Sur" für Süden und dem englischen „big" für groß bzw. großartig. Erst Ende der 1930er-Jahre sprengten und stemmten chinesischstämmige Bauarbeiter und Strafgefangene kalifornischer Gefängnisse die Straße ins Gestein. Die Natur mit den Ausläufern der Santa Lucia Mountains, schroffen Felsen und grünen Hängen, spielt noch immer die Hauptrolle in dem von weniger als 1500 Menschen dünn besiedelten Terrain.

SEHENSWERT

Rund 40 km südl. Carmel bietet sich am Highway 1 der **Pfeiffer Big Sur State Park** (tgl. tagsüber geöffnet) für schöne Wanderungen zu Redwood-Hainen und Wasserfällen an. Wer sich für amerikanische Literatur interessiert, kann 8 km weiter südl. bei der **Henry Miller Memorial Library** einen weiteren Stopp einlegen. Der wegen seiner Freizügigkeit lange umstrittene Schriftsteller (1891–1980) hat viele Jahre in Big Sur gelebt und gearbeitet (www.henrymiller.org; tgl. 11.00–18.00 Uhr). Das **Hearst Castle** bei San Simeon liegt schon ganz im Süden von Big Sur. Verschiedene Führungen erläutern die Kunstsammlungen und Bauten, die der Zeitungstycoon William Randolph Hearst in der ersten Hälfte des 20. Jh. errichten ließ (siehe Tipp; 750 Hearst Castle Road, www.hearstcastle.org; Führungen tgl. ab 9.00 Uhr; wechselnde Schließzeiten).

HOTELS UND RESTAURANTS

Eine urige Unterkunft in alten Hütten und ein beliebtes kleines Restaurant ist **Deetjen's Big Sur Inn** (48865 Highway 1, 5 km südl. vom Pfeiffer Big Sur State Park, Big Sur CA 93920, Tel. 831/667 23 77, www.deetjens.com; Zimmer ab 105 $). **Post Ranch Inn**, etwas südl. vom Pfeiffer Big Sur, ist eine luxuriöse Herberge 400 m über dem Meer mit bestem Restaurant (Highway 1, P.O. Box 219, Big Sur CA 93920, Tel. 831/667 22 00, www.postranchinn.com; Cottages ab 650 $), **Adelaide Inn** eine gepflegte Herberge in einem Blumengarten abseits der Küste (1215 Isabel Avenue, Paso Robles CA 93446, Tel. 805/238 27 70, www.adelaideinn.com; Zimmer ab 125 $). **The Restaurant at the Ventana Inn** etwas südl. vom Pfeiffer Big Sur bietet Essen mit Panoramablick auf den Pazifik und luxuriöse Unterkünfte (Tel. 831/667 23 31). Die **French Corner Bakery** serviert kräftigen Kaffee und morgens frische Gebäckstückchen sowie mittags eine warme Quiche und das alles unweit südl. des legendenumwobenen Hearst Castle (2214 Main Street, Cambria, Tel. 805/927 82 27).

INFORMATION
Big Sur Chamber of Commerce, P.O. Box 87, Big Sur CA 93920, Tel. 831/667 21 00, www.bigsurcalifornia.org; Visitors & Conference Bureau, San Luis Obispo County, 835 12th Street, Paso Robles, Tel. 805/541 80 00, www.visitsanluisobispocounty.com

4 Santa Barbara

Die Hauptstadt des gleichnamigen County mit 91 000 Einw. wurde 1786 am Barbaratag gegründet. Trotz großer Zerstörungen beim Erdbeben 1925 zeigt sich die Architektur in spanischem Kolonial- und mediterranem Stil mit roten Schindeldächern, einer restaurierten spanischen Befestigungsanlage und der „Königin der Missionskirchen". Dazu gepflegte Unterkünfte und eine weithin bekannte kulinarische Szene, viele Sandstrände am Pazifik, edle Weine gleich hinter den Santa Ynez Mountains. Nicht weit vor der Küste ist eine Kette von Inseln auszumachen, als Channel Islands National Park geschützt (s. DuMont-Aktiv). Santa Barbara und seine Umgebung – wegen seines fast mediterranen Klimas „Amerikanische Riviera" genannt – gehören zu den beliebtesten Reisezielen zwischen San Francisco und Los Angeles und ist eine der teuersten Wohngegenden der USA.

SEHENSWERT/MUSEUM
Mission Santa Barbara gilt als eine der schönsten spanischen Missionskirchen (East Olivos Street/Laguna Street; tgl. 9.00–17.00 Uhr). Auch **El Presidio** (1782), als State Historic Park restauriert, stammt aus der spanischen Kolonialzeit (East Canon Perdido Street/Santa Barbara Street; tgl. 10.30–16.30 Uhr). Das dekorative **County Courthouse** wurde erst in den 1920er-Jahren im spanisch-orientalischen Stil errichtet (1100 Anacapa Street; Mo.–Fr. 8.00 bis 17.00 Uhr). Das **Art Museum** präsentiert europäische Meister und amerikanische Künstler (1130 State Street, www.sbmuseart.org; Di. bis So. 11.00–17.00, Do. bis 20.00 Uhr).

HOTELS UND RESTAURANTS
Das **Motel 6** ist eine ordentliche, sehr günstige Herberge nicht weit vom Strand (443 Corona Del Mar, Santa Barbara CA 93101, Tel. 805/564 13 92, www.motel6.com; Zimmer ab 120 $), der **Simpson House Inn** ein elegantes B&B in einem Blumengarten (121 East Arrellaga Street, Santa Barbara CA 93101, Tel. 805/963 70 67, www.simpsonhouseinn.com; Zimmer ab 240 $). Exzellent zubereiteter frischer Fisch und Krustentiere, meist mit japanischer Note, und beste Sushi sind Spezialität des **Arigato** (1225 State Street, Santa Barbara, Tel. 805/965 60 74). Eher unscheinbar von außen, gibt es im **La Super-Rica Taqueria** die besten Tacos weit und breit (622 North Milpas Street, Tel. 805/963 49 40).

INFORMATION
Santa Barbara Conference & Visitors Center, 1 Garden Street, Santa Barbara, CA 93103, Tel. 805/965 32 01, www.santabarbaraca.com

Genießen Erleben Erfahren

DuMont Aktiv

Island Hopping

Die als Nationalpark geschützten Channel Islands vor der Pazifikküste bei Santa Barbara kann man vom Festland deutlich ausmachen. Auf den Inseln mit ihrer reichen Flora und Fauna leben keine Menschen. Erkundet wird das Naturparadies am besten per Seekajak.

Bei den Channel Islands treffen polare Meeresströmungen und die wärmeren Wasser des Südens aufeinander. Ergebnis ist eine ungewöhnlich reiche Unterwasserwelt mit Algenwäldern, Muscheln und Fischen. Auch Seehunde, Seelöwen und Delfine werden hier regelmäßig gesichtet.

Mit einem Seekajak lassen sich die unberührten Küsten der Inseln und die nur von Meeresseite erreichbaren Höhlen und Grotten besonders gut erkunden. Die Nationalpark-Ranger empfehlen dringend, sich einem der lizensierten „Outfitter" anzuvertrauen, die von Ventura oder Santa Barbara aus operieren und Strömungen, Gezeiten sowie Untiefen in den Gewässern gut kennen und die Kajakfahrer mit ihren Booten vom Festland zunächst zu den Inseln bringen. Eine gute sportliche Verfassung ist in jedem Fall Voraussetzung für den Naturtrip. Übernachtungsmöglichkeiten sind auf schlichte Campingplätze beschränkt. Trinkwasser gibt es nur auf Santa Cruz und Santa Rosa. Auf den Inseln dürfen keine Abfälle zurückgelassen werden. Die Region rund um Scorpion Beach vor der Ostküste von Santa Cruz Island gehört wegen des Strandes, der spektakulären Felsenküste sowie mehrerer Höhlen und Grotten zu den beliebtesten Kajakrevieren.

Weitere Informationen

Channel Islands Outfitters in Santa Barbara (Tel. 805/8 99 49 25, www.channelislandso.com) oder **Aquasports** in Ventura (Tel. 1-800/773 23 09, www.islandkayaking.com) bieten ein- und mehrtägige Seekajak-Touren an, die Transfer, Ausrüstung und eine Einweisung einschließen. Mehrtägige Trips beinhalten Camping-Übernachtungen auf Santa Rosa Island. Ein Tagestrip kostet 125–175 $, Mehrtagestouren kosten zwischen 230–340 $.

Allgemeine Informationen bietet auch der Channel Islands National Park auf seiner Webseite www.nps.gov/chis.

Hell und Dunkel

Munteres Strandleben am Pazifik, Verkehrsinfarkt auf den Stadtautobahnen. Designerlabel am Rodeo Drive, Not in den Armenvierteln. Lebensfreude in Disneyland, nächtliche Schießereien zwischen den Gangs. Meisterwerke in Kunsttempeln, Obdachlose in Hauseingängen. In Los Angeles, einem zusammengewachsenen urbanen Flickenteppich, liegen Hell und Dunkel oft unmittelbar nebeneinander.

Form follows function? Nicht immer: Die Architektur des Los Angeles International Airport (LAX) schiebt sich gehörig in den Vordergrund.

Downtown-L.A. strebt nach oben. Die Türme an der Grand Avenue kratzen schon mal vorsichtig am Himmel, aber die Wünsche vieler Ankömmlinge reichen höher: zu den Sternen.

Spektakulär verschachtelt: Frank O. Gehrys Walt Disney Concert Hall.

Am Sunset Strip: Das Roxy ist ein für amerikanische Verhältnisse schon vor einer Ewigkeit, nämlich 1978, eröffneter Rockclub, in dem von Bowie bis Zappa alle namhaften Stars der Zunft auftraten.

Maria in der Stadt der Engel: Die Cathedral of Our Lady of the Angels ist die Bischofskirche des hiesigen römisch-katholischen Erzbistums.

Noch vor wenigen Jahren erschien es kaum denkbar, dass Los Angeles, und vor allem sein Zentrum, Kulturliebhaber von nah und fern anziehen könnte. Lange Jahre galt die City als kulturelles Ödland, beherrscht von einigen Wolkenkratzern der Finanzwelt und umgeben von einem urbanen Flickenteppich auseinanderstrebender Trabantenstädte. Klar, die städtische Oper befand sich dort, einige größere Theater und das städtische Symphonieorchester. Doch kulturbeflissene Angeleños flogen nach San Francisco oder sogar nach New York, um die angesagten Theateraufführungen oder interessante Museumsausstellungen zu besuchen. Wer umgekehrt nach Los Angeles reiste, erwartete keine kulturellen Höhenflüge, sondern Vergnügungsparks sowie Sonne und Sand an den Stränden des Pazifiks. Und natürlich die Glitzerwelt der Filmindustrie von Hollywood.

Kunst ist im Kommen

Für viele Kunstinteressierte der Stadt symbolisiert die vor 13 Jahren eröffnete Disney Concert Hall in Downtown-L.A., dass eine anspruchsvoll-lebendige Kunstszene und Los Angeles keine unüberbrückbaren Gegensätze mehr darstellen müssen. Eine Skulptur, ein Bild vom kontrollierten Chaos wollte er mit der Musikhalle schaffen, so der Architekt Frank O. Gehry, der mit seinen Bauten weltweit Aufsehen erregt. Gleichzeitig sollte die gewagte Konstruktion eine Art Wohnzimmer für die Bewohner von Los Angeles werden, das sie besuchen, um gute Musik zu hören. Die spektakuläre Konzerthalle mit ihren weichen Kurven und futuristischen Zinnen aus rostfreiem Stahl wirkt wie ein Katalysator zur Wiederbelebung der City. Kurze Wege verlocken zu Spaziergängen – durchaus eine Revolution im autofixierten L.A.

Von der Disney Concert Hall ist es nur ein Katzensprung schräg über die South Grand Avenue zum MOCA, dem Museum of Contemporary Art, und seinen Galerien mit Werken von Pollock, de Koo-

Der berühmteste Schriftzug der Welt sollte ursprünglich, um vier Buchstaben zu „Hollywoodland" erweitert, für den Kauf von Immobilien werben. Die Buchstaben selbst stehen schon lange unter Denkmalschutz, für ihre Restaurierung haben Stars wie der Gruselrocker Alice Cooper viel Geld gesponsert, und nachdem der Playboygründer Hugh Hefner durch eine großzügige Spende sicherstellte, dass auch das umliegende Land nicht bebaut werden darf, ist eine unverstellte Zukunft des Wahrzeichens sozusagen „in trockenen Tüchern".

Dance for Fame am (sich über 18 Häuserblocks erstreckenden) Walk of Fame: Und da sind wir wieder bei den Sternen, die in Los Angeles die Welt bedeuten …

ning und Rauschenberg. Das braunrote Sandsteingebäude mit seinen klaren geraden Linien markiert einen merklichen Kontrapunkt zur kurvig silbrigen Stahlkonstruktion der Disney-Konzerthalle.

God's own Country

In Zeiten, die in Europa von Kirchenaustritten und sinkenden Besucherzahlen bei Gottesdiensten geprägt sind, scheint der Neubau eines Gotteshauses bemerkenswert. Und wer die nicht weit von der Disney Concert Hall entfernte ultramoderne Cathedral of Our Lady of the

Freizeitspaß für die ganze Familie bieten die Universal Studios Hollywood, deren neueste Attraktion die im Frühjahr 2016 eröffnete „The Wizzarding World of Harry Potter" ist.

Academy Award — Special

And the Oscar goes …

Seit 1929 werden in Hollywood die Oscars für die besten Filme des zurückliegenden Jahres vergeben. Gewinner in zwei Dutzend Kategorien halten dann die begehrte, 35 Zentimeter große, vergoldete Statuette in ihren Händen. Sie zeigt einen auf einer Filmrolle stehenden Ritter mit Schwert. „Oscar" heißt sie, weil Margaret Herrick, einst Geschäftsführerin der „Academy", bei ihrem Anblick ausgerufen haben soll: „Der sieht ja aus wie mein Onkel Oscar." Die pompös inszenierte Fernsehübertragung der glamourösen Feier im Dolby Theatre ist ein weltumspannendes Ereignis. Die erfolgreichsten Filme in der Geschichte der Verleihung waren mit je elf Oscars „Ben Hur" (1960), „Titanic" (1998) und der „Herr der Ringe: Die Rückkehr des Königs" (2004), gefolgt von „Der englische Patient" (1996) mit zehn Oscars.

Marilyn darf nicht sterben: Wer es als Figur ins Waxmuseum am Hollywood Boulevard schafft, gehört zu den ganz Großen.

Endstation Sehnsucht: die Stelzenhäuser an Malibus Pazifikstrand.

Stilsicher: Cruisen am rund 35 km langen Sunset Boulevard, dessen berühmtester Abschnitt, zwischen Hollywood und Beverly Hills, auch „Sunset Strip" genannt wird.

Mickey wird ganz blümerant zumute: ein Disneyheld in Disneyland.

Wasserwirtschaft

Special

Tropfen für Tropfen

Wer die karge Mojave-Wüste auf der Interstate 395 gen Norden verlässt, der erreicht bald das Owens Valley. Noch vor rund 100 Jahren breitete sich hier auf 260 Quadratkilometern der Owens Lake aus. Heute wehen salzige Staubfahnen über den ausgetrockneten Grund.

Das Wasser ist längst auf den Gemüse- und Obstplantagen von Südkalifornien versickert und in den Wohnungen von Los Angeles verbraucht worden. Schon seit den 1870er-Jahren leitete man es aus den Bergen in den durstigen Süden um, um die Böden zu bewässern und die Bevölkerung zu versorgen. Ein System aus 300 Staudämmen und knapp 100 000 Kilometern künstlicher Wasserwege sorgt dafür, dass die Ernte nicht verdorrt, in den Wasserleitungen von Los Angeles der notwendige Druck herrscht und die Golfplätze der Desert Cities im Südosten weiterhin begrünt werden. Doch der verschwenderische Umgang, jahrzehntelanger Raubbau und mangelnde Investitionen in das Deich-, Pump- und Leitungssystem zeigen negative Folgen – mit dem Owens Lake als Mahnmal. Auch der Wasserpegel des Flussdeltas von Sacramento und San Joaquin sinkt. Ein milliardenschweres Programm soll helfen, Wasser zu sparen und das Leitungssystem effektiver zu gestalten. Ob es aber auch diesmal wieder nur beim guten Vorsatz bleibt, ist abzuwarten.

Künstlicher Wasserweg bis zum Horizont.

Angels der Erzdiözese von Los Angeles durch die beiden mächtigen Bronzetüren betritt, ist erstaunt über die riesigen Ausmaße des über 30 Meter hohen Kirchenraums. Aber Los Angeles ist eben die drittgrößte „mexikanische“ Stadt, und die Mittelamerikaner sind ihrer Kirche traditionell stärker verbunden als nordischer geprägte Bevölkerungen. Von außen wirkt die vom spanischen Architekten José Raphael Moneo entworfene Kirche eher streng und wenig spektakulär; der wahre Reichtum der Kathedrale erschließt sich erst von innen. Gut 60 000 Tafeln aus transparentem Alabaster filtern das harte Sonnenlicht Südkaliforniens, Wandteppiche mit Motiven einer Prozession überlebensgroßer Kirchenväter schlagen eine kunstvolle Brücke von der modernen Kirchenarchitektur zu 2000 Jahren christlicher Geschichte.

Vergangener Glanz

Die Stadt weiß, was sie der Traumfabrik zu verdanken hat, und sie putzt ihr Schaufenster, den Hollywood Boulevard, gerne blank. Historische Hotels wie das „Roosevelt“ sind renoviert, Uraufführungskinos der 1920er-Jahre wie das „El Capitan“ erhielten ein Facelifting. Obdachlose, die einst in den Eingängen von Geschäften nächtigten, sind mit dem Neubau des Hollywood & Highland Complex, eines

Leben und leben lassen in L.A.: Freestyle-Blader am Venice Beach, Spaziergang mit Haus-Leguan in Santa Monica, Freeride am Huntington Beach und feminine Muskelspiele am Muscle Beach (im Uhrzeigersinn von ganz oben links).

Erdölförderung jenseits des Piers: Ab 1897 wurden im Raum Los Angeles riesige Vorkommen des „schwarzen Goldes" entdeckt, aus denen zum Teil noch heute große Mengen Öl gewonnen werden.

„Hollywood ist der Ort, an dem man dir 1000 Dollar für einen Kuss bezahlt und 50 Cents für deine Seele."

Marilyn Monroe

schicken Veranstaltungs- und Einkaufszentrums, aus dem direkten Blickfeld verdrängt worden. Auf der Bühne des Dolby Theatre werden jedes Jahres vor 3400 geladenen Zuschauern die begehrten Oscar-Trophäen verliehen.

Sehen und gesehen werden

Eine Art offene Bühne für sich sind auch die Strände der sich immer mehr ausdehnenden Metropole, die sich von Malibu im Norden, Huntigton Beach bis nach San Clemente ganz im Süden erstrecken. Hier wird gebadet und geschnorchelt, gesurft und gesegelt, gejoggt, geradelt und Beach-Volleyball gespielt. In Venice Beach ist den meisten der Boardwalk, die Promenade, sogar wichtiger als der breite Sandstrand wenige Meter weiter. In ihre Körper verliebte Body-Builder stemmen im Open-Air-Fitness-Studio ihre Hanteln, Roller-Blader im hautengen Anzug zeichnen kunstvolle Figuren auf den Asphalt, gleich neben Feuerschluckern und einer Stepptanz-Formation. Am Boulevard der Eitelkeiten haben exzentrische Selbstdarsteller ihren Auftritt und finden ein dankbares Publikum, gesäumt von einer langen Reihe von Buden, an denen schrille T-Shirts, Sonnenbrillen und allerlei Schnickschnack verkauft werden.

Markante Zeichen

Mehr als 100 Sprachen und Dialekte werden in Los Angeles gesprochen. Menschen aus aller Welt haben hier eine neue Heimat, einen Zufluchtsort oder zumindest einen Aufenthalt gefunden. Aus dem engen Nebeneinander kann zerstörerische Konfrontation, aber auch produktive Auseinandersetzung entstehen. In Los Angeles bestätigt sich beides, auch in Bereichen der Kunst.

Etwa 1500 *Murales* – teils riesige Wandgemälde – in Santa Monica und anderen Teilen des Stadtgebiets erzählen in meist naiver, aber oft ausdrucksstarker Form von enttäuschten Hoffnungen, trotzigem Stolz, von privaten Wünschen und politischen Idealen, vor allem der mexikanischen Einwanderer.

Tief im „problematischen" Stadtviertel Watts setzte der italienischstämmige Immigrant Simon Rodia ein markantes Zeichen. In den Jahren 1921 bis 1955 bastelte er aus Zivilisationsmüll – Glasscherben, Kacheln, Eisenstreben, Bettgestellen – und rund 70 000 Muscheln ein an die Bauten des katalanischen Jugendstils erinnerndes Monument mit acht bis zu 30 Meter hohen, filigranen Türmen. Danach verschwand der Fliesenleger wieder aus dem Viertel. Seither gibt Rodias heute komplett restauriertes und zu einem Städtischen Kulturdenkmal erhobene Monument Anlass zu unterschiedlicher Interpretation, zur Auseinandersetzung und zum Nachdenken. Mehr kann ein Künstler von seinem Werk eigentlich nicht erwarten.

L.A. IM WANDEL

Die Stadt der Engel im 21. Jahrhundert

„Kunst wäscht den Staub des Alltags von der Seele", soll Picasso mal gesagt haben. „Staub des Alltags" hatte das wüstennahe L.A. immer schon eine ganze Menge, und weil das so ist, kann man für L.A. von einem glasklaren Kunstauftrag sprechen. Der allerdings lange nicht erhört wurde.

Kunst im öffentlichen Raum: Nicht immer braucht die Muse einen Tempel, um geküsst zu werden.

Auch hier geht es um Kunst im öffentlichen Raum – diesmal als architektonische Zeichensetzung des Pritzker-Preisträgers Richard Meier, der sich mit „seinem" Getty Museum einmal mehr als „Architekt des Lichts" erwies.

Hollywood hin oder her – bislang dachte man bei Los Angeles eher nicht an eine Kunst- und Kulturmetropole. Was auch damit zu tun haben mag, dass der Metropole ein urbanes Zentrum fehlte. Oder wie Aldous Huxley einst formulierte: In Los Angeles seien „hundert Vororte auf der Suche nach einer City". Doch seit einigen Jahren befindet sich die Stadt der Engel im Wandel. Wie ein beleuchteter Hügel ragen in der Mitte der endlos erscheinenden Stadtfläche einige Dutzend Wolkenkratzer in den Himmel. Zwischen den Hochhäusern glitzert eine blank polierte Stahlkonstruktion im letzten Tageslicht wie ein funkelnder Diamant – Frank O. Gehrys wie eine Gebäudeskulptur mit fließenden Linien modellierte Walt Disney Concert Hall. In ihrem Inneren genießen die Konzertbesucher auf den rund um die Bühne angeordneten 2265 Sitzen eine hervorragende Akustik. Für Musikliebhaber präsentiert zudem im Dorothy Chandler Pavilion, viele Jahre lang Schauplatz der Oscar-Preisverleihungen, die Los Angeles Opera ihre Kunst des Belcanto. Auch das Musiktheater gehört wie die Disney Concert Hall zum Komplex des Music Center von Los Angeles, zu dem auch noch das benachbarte Mark Taper Forum mit vielen zeitgenössischen Theaterproduktionen und das Ahmanson Theatre, in dem sich Tourneetheater und Musicals abwechseln, zählen.

Ein Wandel mit (sozialen) Folgen

Der architektonische Wandel hat auch soziale Folgen: Inzwischen ziehen sogar wieder Bewohner in die lange seelenlos erscheinende, nachts menschenleere City, in neu errichtete Wohnungen oder umgebaute Bürotürme. Abends geht man nun auch hier in Restaurants oder angesagte Bars.

Das Drago Centro in der Flower Street nicht weit von der kleinen Grünanlage der Maguire Gardens mit einer modernen mediterran-kalifornischen Küche oder das Mo-Chica mit innovativen peruanischen Gerichten in der Seventh Street stehen für eine schnell wachsende neue Generation von Restaurants im Zentrum, die sich nicht allein an den Bedürfnissen der Angestellten in umliegenden Bürotürmen nach schnellen Lunchgerichten orientieren. Abends und nachts kann man von Rooftop-Bars wie dem „The Standard Biergarten" auf dem coolen The Standard Hotel exzellente Biere zu bayerischen Brezeln trinken oder auf den umlaufenden Terrassen des „Perch" in der 15. und 16. Etage eines Hochhauses in der Hill Street französisch inspirierte Cocktails schlürfen. Dazu schaut man immer mal wieder gern auf das Open-Air Kino tief unten im grünen Park des Pershing Square.

Geradezu als sensationell empfanden es die Angeleños, als die ersten Supermärkte und andere Geschäfte in der City eröffneten, die sich allmählich zu einem echten, lebendigen Zentrum zu entwickeln scheint.

Fahrradspuren in der Autostadt?

Dazu gehört, dass selbst in Downtown-L.A. viele Kilometer Fahrradspuren auf den Straßen eingerichtet wurden. An die Busse der Metro von L.A. wurden Fahrradträger installiert, die Angeleños und Stadtbesuchern unkomplizierte Erkundungen der Stadt ohne eigenes Auto ermöglichen. In den Sommermonaten organisiert das Nahverkehrsunternehmen sogar kostenlose Kurse, die Fahrradfahrern helfen sollen, sich auf zwei Rädern durch die Metropole zu bewegen. Parallel dazu wird das U-Bahn-Netz ausgebaut und eine wachsende Zahl von

Inzwischen ziehen sogar wieder Bewohner in die lange seelenlos erschienene City.

Ob Walt Disney Concert Hall (rechts) oder L.A. County Museum (rechte Seite): Es gibt einiges zu sehen in der Stadt der Engel, auch jenseits von Strip, Stränden und herrlichen Sonnenuntergängen am Meer.

Bussen mit Transpondern versehen, die Verkehrsampeln bei sich nähernden Bussen auf Grün umspringen lassen. Und zum Wandel der Stadt gehört, dass mit dem NoHo Arts District in North Hollywood rund um das El Portal Theatre ein kulturelles „Powerhouse" entstand, mit bislang allein zwei Dutzend Theaterbühnen. Hier gibt es Galerien, Keramikwerkstätten und anderes Kunsthandwerk, unabhängige Tanzkompanien und kleine Produktionsgesellschaften für Film und TV. Auch die „Academy of Television and Sciences", die jährlich die begehrten Emmy Awards für die besten Fernsehproduktionen vergibt, ist in dem kreativen Stadtquartier zu Hause, das Besucher auf Rundgängen erkunden können. Damit sind die Zeiten wohl vorbei, in denen ein Komiker mit dem Witz, die einzig lebende Kultur in Los Angeles sei die im Joghurt, brüllende Lacher erzielte.

Nicht zuletzt findet man einige der bedeutendsten Kunstsammlungen der USA eben genau hier, in L.A.: das kurz „MOCA" genannte Museum of Contemporary Art mit zeitgenössischer Kunst imponiert Besucher genauso wie das riesige Los Angeles County Museum mit seiner gigantischen Sammlung von mehr als 110 000 Arbeiten, zu denen auch eine bedeutende Ausstellung deutscher Expressionisten gehört. In einem von Renzo Piano entworfenen Neubau des Broad Contemporary Art Museum werden Arbeiten zeitgenössischer Künstler wie Richard Serra, Jeff Koons, Andy Warhol oder Jean-Michel Basquiat gezeigt. Das Getty Center, ein von Richard Meier gestalteter Komplex auf den Brentwood Hills, beherbergt neben Forschungseinrichtungen das Getty Museum: Skulpturen, Zeichnungen und Gemälde aus der Romanik, Gotik und Renaissance sowie eine Fotosammlung, die auch Schätze aus den Anfangstagen der Fotografie im 19. Jahrhundert enthält. Und die Getty Villa in Malibu zeigt im perfekten Ambiente einer nachgebauten römischen Villenanlage aus Herculaneum griechische, etruskische und römische Kunst. Da sage noch einer, L.A. habe keine (Kunst und) Kultur!

Buchtipps

Henning Füller, Nadine Marquardt, *Die Sicherstellung von Urbanität: Innerstädtische Restrukturierung und soziale Kontrolle in Downtown Los Angeles,* Westfälisches Dampfboot

Birgit Lüke, *Los Angeles im Film: Das Hollywoodkino zwischen Traum und Alptraum,* Vdm Verlag Dr. Müller

Karin Mahle, *Los Angeles: architecture & design,* teNeues

Thomas Schuler, *Boulevard der tausend Kulturen: Szenen aus Los Angeles,* Picus Verlag

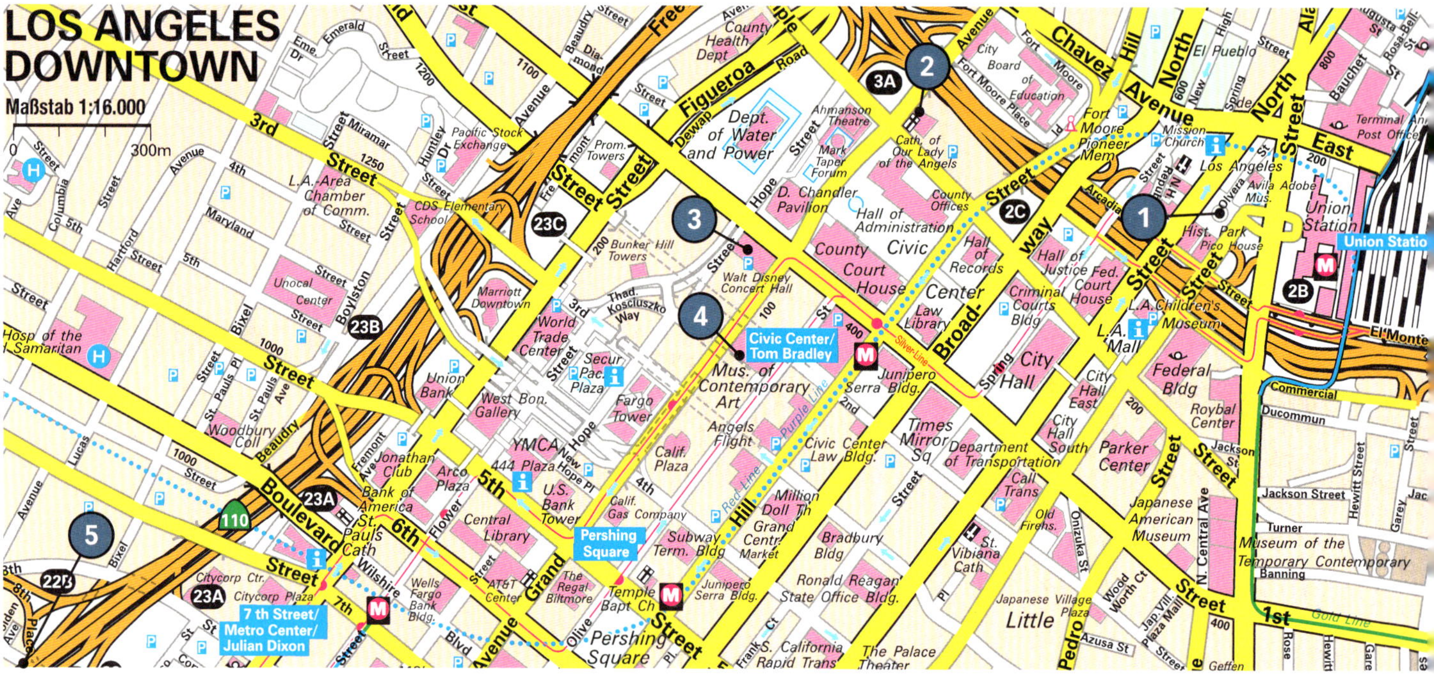
LOS ANGELES DOWNTOWN
Maßstab 1:16.000
0
300m
Figueroa
Dept. of Water and Power
Union Station
Civic Center/ Tom Bradley
Mus. of Contemporary Art
Pershing Square
7 th Street/ Metro Center/ Julian Dixon
City Hall
Federal Bldg
Civic Center
County Court House
Hall of Administration
Hall of Records
Criminal Courts Bldg
Times Mirror Sq
Central Library
Little Tokyo
Chinatown
World Trade Center
Union Bank
West Bon. Gallery
Marriott Downtown
L.A.-Area Chamber of Comm.
Museum of the Temporary Contemporary
Japanese American Museum
Parker Center
Los Angeles
Union Statio
1
2
3
4
5
2B
2C
3A
23A
23B
23C
22B
110
Boulevard
3rd Street
5th
6th
7th
Grand
Olive
Hill
Broadway
Spring
Main
1st
Alameda

Angeles National Forest
GLENDALE
PASADENA
SOUTH PASADENA
ARCADIA
AZUSA
GLENDORA
Upland
Santa Monica Mountains
Topanga State Park
Encino Res
Hollywood Bowl
HOLLYWOOD
BEVERLY HILLS
LOS ANGELES
DOWNTOWN
Mormon Temple
ALHAMBRA
EL MONTE
COVINA
Ontario
MONTEREY PARK
LA PUENTE
POMONA
San Bernardi
MALIBU
TOPANGA BEACH
SANTA MONICA
Santa Monica Bay
CULVER CITY
VERNON
COMMERCE
WHITTIER
INGLEWOOD
SOUTH GATE
DOWNEY
Los Angeles International Airport
HAWTHORNE
LA MIRADA
La Habra
Brea
Chino Hills State Park
Carbon Canyon Res
Yorba Linda
Santa Ana River
Corona
MANHATTAN BEACH
COMPTON
NORWALK
Fullerton
Pacific Ocean
TORRANCE
LAKEWOOD
REDONDO BEACH
CARSON
Anaheim
Disneyland
Orange
Villa Park
LOMITA
Westminster
Irvine Lake
Cleve
Natic
Fore
Pt Vicente
SAN PEDRO
LONG BEACH
Tustin
Santa Ana
0 2 4 6 miles
0 2 4 6 8 10 km
6
7
8
9
10
11
12
13
14
15
16
17
18
19
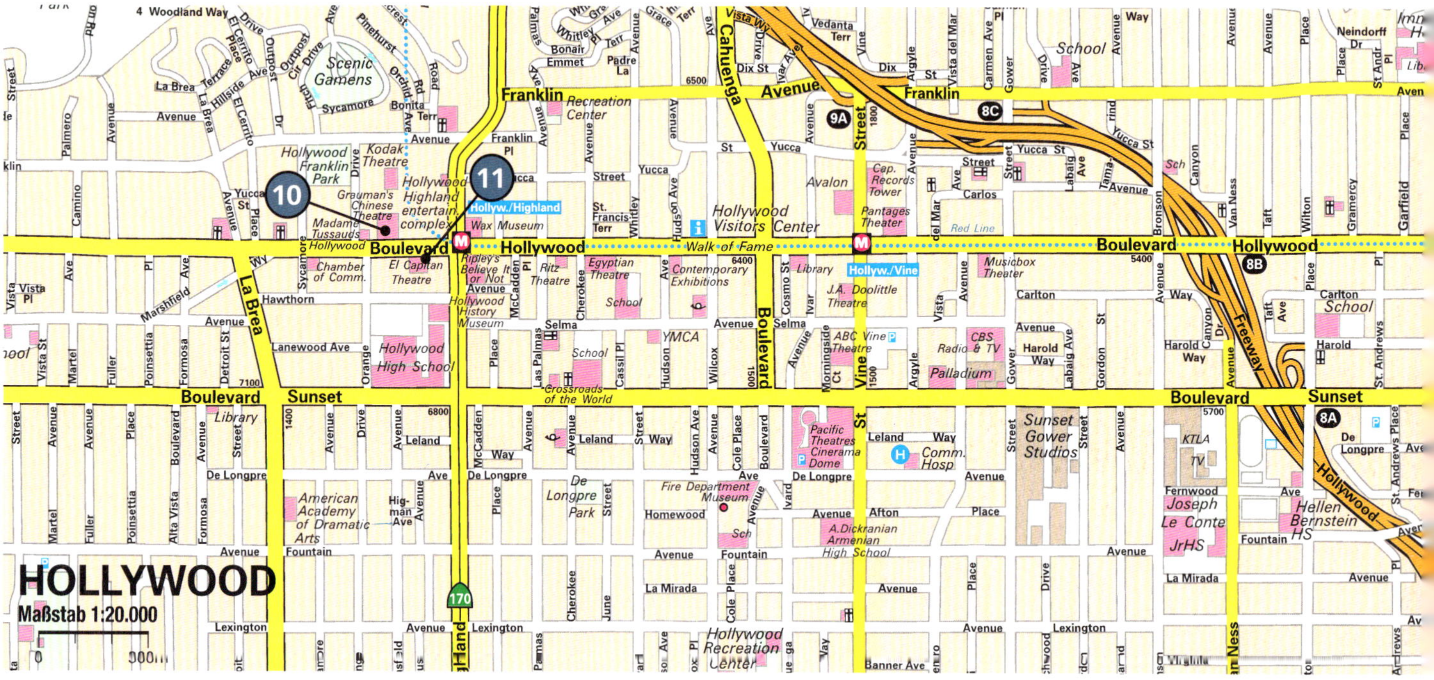
Franklin
Avenue
Hollywood Franklin Park
Kodak Theatre
Hollywood Highland entertain. complex
Hollyw./Highland
Grauman's Chinese Theatre
Madame Tussauds
Hollywood Boulevard
Walk of Fame
Wax Museum
Hollywood Visitors Center
Hollyw./Vine
Cap. Records Tower
Pantages Theater
El Capitan Theatre
Egyptian Theatre
Hollywood High School
Sunset Boulevard
Crossroads of the World
Pacific Theatres Cinerama Dome
CBS Radio & TV
Palladium
Sunset Gower Studios
American Academy of Dramatic Arts
Hollywood Recreation Center
La Brea
Highland
Cahuenga
Vine
Gower
Bronson
Van Ness
Freeway
170
10
11
8A
8B
8C
9A
HOLLYWOOD
Maßstab 1:20.000

Multikultureller Riese

Los Angeles ist auch ein Ort scharfer Kontraste. Im Großraum der Metropole leben Menschen aus allen Ländern. Unvorstellbarer Reichtum und erschütternde Armut, Ruhe und Hektik, Zersiedelung mit zehnspurigen Stadtautobahnen und Naturidyllen liegen oftmals dicht nebeneinander.

1 – 9 Los Angeles

Los Angeles gehört zu den größten Ballungsräumen weltweit. Hier leben und arbeiten über 17 Mio. Menschen. Die gigantische Metropole ist mit dem Hafen San Pedro bedeutender Handelsplatz und Fischereistandort; Elektronik-, Luftfahrt- und Chemieindustrie produzieren hier; seit 1897 wird in der Medienhochburg auch Erdöl gefördert. Als erster Europäer sah Juan Rodriguez Cabrillo 1542 die hiesige Küste. 1771 entstand die erste spanische Mission, von 1835 bis zur Annexion durch die USA (1848) war dies die Hauptstadt des mexikanischen Alta California. Rund um das eher undeutlich strukturierte Zentrum mit seinen Wolkenkratzern und der spektakulären Walt Disney Concert Hall gruppieren sich China Town, Little Tokyo und El Pueblo de Los Angeles. Im Osten erstreckt sich das Wohngebiet von rund 3 Mio. spanisch sprechenden Einwohnern, meist Einwanderern aus Mexiko und inzwischen größte Gruppe der Angeleños. Westlich von Downtown hat sich in den letzten Jahren die 125 000-köpfige Korea Town entwickelt. Zum Großraum L.A. gehören eigenständige Gemeinden wie Santa Monica; Bezirke wie Hollywood haben zumindest einen sehr eigenen Charakter. Der geografischen Ausdehnung entsprechend liegen die Sehenswürdigkeiten zum Teil weit auseinander.

SEHENSWERT

In der **Olvera Street** und dem 1 **El Pueblo des Los Angeles** mit restaurierten historischen Gebäuden aus dem 19. Jh. im mexikanischen Adobe-Stil (Sepulveda House, Visitor Center, 622 North Main Street; Mo.–Fr. 9.00–16.00, Sa./So. 10.00–15.00 Uhr) geht es folkloristisch zu, mit Mariachi-Bands, mexikanischen Imbissen und Souvenirläden. Der benachbarte, im spanischen Stil errichtete Hauptbahnhof **Union Station** stammt aus den 1930er-Jahren. Südl. des Santa Ana Freeway erhebt sich die 2 **Cathedral of Our Lady of the Angels**. Ein Block weiter glitzert die 3 **Disney Concert Hall** (111 Grand Avenue, www.musiccenter.org; Mo.–Fr. 9.00–17.00 Uhr, Audioguide) in Nachbarschaft zu den verschiedenen Bühnen des Music Center für Konzert und Theater. Ein Stückchen südlich von Downtown-L.A. breitet sich der 5 **Exposition Park** (außerhalb des Cityplans) aus. Das zugehörige **Coliseum Stadium** war 1932 und 1984 Schauplatz der Olympischen Spiele. Neben dem **Natural History Museum** (900 Exposition Boulevard, www.nhm.org; tgl. 9.30–17.00 Uhr) lohnt im Park vor allem ein Besuch des **California Science Center** (700 Exposition Park Drive, www.californiasciencecenter.org; tgl. 10.00–17.00 Uhr) mit spannenden naturwissenschaftlichen Darstellungen und Experimenten sowie dem Space Shuttle Endeavor. Wenige Besucher verirren sich in den armen Süden der Metropole. Dabei steht hier mit den 6 **Watts Towers** (1727 East 107th Street; Führungen Fr.–Sa. 10.30–15.00, So. ab 12.30 Uhr) ein auf seine Weise durchaus beeindruckendes Folk-Art-Monument.

MUSEEN

Sammlungen zeitgenössischer Kunst und interessante Ausstellungen zeigt das 4 **Museum of Contemporary Art** inmitten der Downtown-Wolkenkratzer (MOCA, 250 South Grand Avenue, www.moca.org; Mo., Mi. Fr. 11.00–18.00, Do. 11.00–20.00, Sa., So., 11.00–17.00 Uhr).
Das 9 **J. Paul Getty Museum** TOPZIEL ist mit einer exquisiten Sammlung europäischer und amerikanischer Malerei, von Zeichnungen, Manuskripten und Plastiken, das Herz des wie eine postmoderne Tempelanlage einen Buckel der Brentwood Hills bedeckenden Getty Centers (1200 Getty Center Drive, www.getty.edu; So., Di.–Fr. 10.00–17.30, Sa. 10.00–21.00 Uhr). Die antike Sammlung der wohl reichsten Kunststiftung der Welt – rund 1200 griechische, etruskische und römische Ausstellungsstücke – ist in der lange renovierten **Getty Villa** an der Steilküste von 19 **Malibu** untergebracht. Sehenswert ist neben der imposanten Sammlung auch das sie beherbergende Gebäude – eine Rekonstruktion der Villa dei Papiri in Herculaneum (17985 Pacific Coast Highway, Malibu, Tel. 310/440 73 00, www.getty.edu, Mi.–Mo. 10.00–17.00 Uhr). Auch das 7 **Los Angeles County Museum of Art** (5905 Wilshire Boulevard, www.lacma.org; Mo., Di. und Do. 11.00 bis 17.00, Fr. 11.00–20.00, Sa./So. 10.00–19.00 Uhr) gehört zu den großen Kunstmuseen der Welt, mit 150 000 Exponaten aller Kunstrichtungen und rund 30 jährlichen Wechselausstellungen. Nicht weit entfernt zeigen die **La Brea Tar Pits** mit dem angeschlossenen 7 **Page Museum** (5801 Wilshire Boulevard, www.tarpits.org; tgl. 9.30–17.00 Uhr), wie einst eiszeitliche und prä-

Ganz schön schick: die Rooftop-Bar des Hotels The Standard in Downtown L.A.

Tipp

Im Lichtermeer

Der Filmklassiker „Denn sie wissen nicht, was sie tun" mit James Dean hat das **Planetarium** weltweit berühmt gemacht. Nach Renovierung und Erweiterung werden wieder virtuelle Sternenfahrten angeboten. Doch in klaren Nächten lohnt schon allein der Blick von der – mitten im mit 1620 ha größten kommunalen Park der USA gelegenen – Aussichtsplattform auf das Lichtermeer von Los Angeles.

INFORMATION
Griffith Observatory, 2800 East Observatory Road (zwischen 134 Ventura und 101 Hollywood Freeway), Tel. 213/473 08 00, www.griffithobservatory.org, Di.–Fr. 12.00–22.00, Sa./So. 10.00–22.00 Uhr

historische Tiere in blubbernden Teergruben verendeten. Das Museum präsentiert präparierte Skelettfunde u.a. von Säbelzahntigern und Mammuts. In der Nähe hat die Stadt mit dem 7 **Petersen Automotive Museum** (6060 Wilshire Boulevard, www.petersen.org; derzeit wg. Renovierung geschl.) dem beliebtesten Verkehrsmittel der Angeleños ein Denkmal gesetzt. Das 8 **Museum of Tolerance** (9786 West Pico Boulevard, www.museumoftolerance.com; Führungen So.–Fr. 10.00 bis 17.00, Do. bis 21.30 Uhr) im Simon Wiesenthal Center prangert weltweit die Folgen von Intoleranz und Diskriminierung an; ein besonderes Schwergewicht liegt auf dem Holocaust.

HOTELS UND RESTAURANTS

Das **Mondrian** bietet eleganten Luxus in West Hollywood (8440 Sunset Boulevard, Tel. 323/650 89 99, www.mondrianhotel.com; Zimmer ab 320 $). Das **Figueroa**, erbaut in spanischem Stil, liegt zentral zwischen Staples Center und Financial District (939 South Figueroa Street, Tel. 213/627 89 71, www.figueroahotel.com; Zimmer ab 125 $). **Barbara's at the Brewery** bietet kalifornische Küche mit vielen Terrassenplätzen im Künstlerviertel (620 Moulton Avenue, Downtown LA, Tel. 323/221 92 04, www.barbarasatthebrewery.com). Das **Rivera** in Downtown mit seiner hispanisch-lateinamerikanischen Küche gehört zu den beliebtesten der Stadt (1050 S. Flower St., Tel. 213/749 14 60). **The Standard** ist eine ultraschicke Bar auf der Dachterrasse des „downtown LA"-Hotels (550 South Flower Street, Downtown LA, Tel. 213/892 80 80, www.standardhotels.com).

UMGEBUNG

Ein knapp zweistündiger Fährtrip von San Pedro oder Long Beach bringt Ausflügler nach **Catalina Island** 35 km vor der Küste von Los Angeles. Bis auf den Hauptort Avalon und die Siedlung Two Harbors ist die Insel überwiegend Naturschutzgebiet.

INFORMATION

Los Angeles Convention and Visitors Bureau, 685 South Figueroa Street, Los Angeles CA 90017, Tel. 213/689 88 22, www.discoverlosangeles.com

10 – 11 Hollywood

Seit vor fast 100 Jahren die ersten Studios im Norden von Los Angeles bewegte Bilder produzierten, ist Hollywood für die meisten gleichbedeutend mit Traumfabrik und Filmindustrie, auch wenn viele Film- und TV-Studios längst ins nördliche Burbank oder in die Westside zogen.

SEHENSWERT

Schon 1923 wurde der berühmte Schriftzug in die Hollywood Hills gesetzt. Der Vorplatz von 10 **Grauman's Chinese Theatre** ist fast noch berühmter als das 1927 im Pagodenstil erbaute Kino, mit Fuß- und Handabdrücken von rund 200 Filmstars. Der 11 **Hollywood Walk of Fame** ehrt mit mehr als 2500 in den Fußweg des Hollywood Boulevard eingelassenen Sternen Berühmtheiten aus Film, Fernsehen und Musik.

Oben: Blick vom Griffith Observatory auf Downtown L.A. und die sich in ungezählten Vororten ausbreitende Stadt. Unten: Santa Monica Pier mit Pacific Wheel und Achterbahn

HOTELS UND RESTAURANTS

Das **Roosevelt Hotel**, komplett renoviert und im Herzen von Hollywood, war Schauplatz der ersten Oscar-Verleihungen (7000 Hollywood Boulevard, Tel. 323/856 19 70, www.thehollywoodroosevelt.com; Zimmer ab 220 $). Das **Highland Gardens Hotel** zu Füßen der Holly wood Hills bietet eine illustre Gästeliste auf (7047 Franklin Avenue, Tel. 323/850 05 36, www.highlandgardenshotel.com; Zimmer ab 160 $). In **Pink's Hot Dogs** werden seit 1939 Hot-Dogs in zig Variationen angeboten (709 North La Brea Avenue, Tel. 323/931 75 94). **Ammo** serviert leichte kalifornische Küche (1155 North Highland Avenue, Tel. 323/871 26 66).

UMGEBUNG

Studio-Touren in **Burbank** nördl. Hollywood führen hinter die Kulissen der Film- und Fernseh-Industrie, so bei den Warner Brothers (3400 Riverside Drive, Tel. 877/4 92 86 87, www.warnerbros.com) oder den NBC Studios (3000 West Alameda Avenue, Tel. 818/8 40 35 37, www.nbc.com). Die Universal Studios (100 Universal City Plaza, Tel. 1-800/8 64 83 37, www.universalstudioshollywood.com; Sommer tgl. 9.00–21.00, Winter 9.00–18.00 Uhr) in **Universal City** sind Produktionsstätte und Vergnügungspark in einem.

INFORMATION

Los Angeles Convention & Visitors Bureau, Hollywood Office, 6801 Hollywood Boulevard, Hollywood CA 90028, Tel. 323/467 64 12, www.discoverlosangeles.com

12 – 16 Anaheim

Im Jahr 1857 gründeten deutsche Einwanderer mit Weinstöcken aus den Rheinlanden im Gepäck ihr neues Heim am Santa Ana River. An sie erinnert heute nur noch der Name der größten Stadt von Orange County. Als Walt Disney 1955 hier seinen Vergnügungspark Disneyland gründete, war es mit der Ruhe und Beschaulichkeit schnell vorbei.

SEHENSWERT

Mehr als 60 000 Besucher strömen jeden Tag durch die Tore von 14 **Disneyland TOPZIEL**. In acht Themenbereichen von der „Main Street USA" über „Fantasyland" bis zum „California Adventure" mit gestalteten Landschaften, Dutzenden von abenteuerlichen „Rides" und diversen Restaurants/Imbissen werden die Gäste unterhalten (Disneyland Guest Relations, Tel. 714/781 72 77, http://disneyland.disney.go.com).

HOTELS UND RESTAURANTS

Disney's Grand Californean ist ein komfortables Disney-Hotel am Vergnügungspark (1600 South Disneyland Drive, Anaheim, Tel. 714/635 23 00, www.disneyland.com; Zimmer ab 400 $). Die gepflegte Anlage des **Residence Inn** bietet Suiten und viel Platz (11931 Harbor Blvd., Garden Grove, Tel. 741/591 40 00, www.marriott.com; Zimmer ab 160 $).
Ramos House Café ist ein originelles Café-Restaurant in einem alten Holzhaus mit eigenem Kräutergarten (31752 Los Rios Street, San Juan Capistrano, Tel. 949/443 13 42, www.ramoshouse.com). **Harvelle's** gilt als einer der besten Musikclubs für Blues und Soul (201 E. Broadway, Long Beach, Tel. 562/239 37 00, http://longbeach.harvelles.com).

UMGEBUNG

Auch 12 **Pasadena** ist mit einer Altstadt noch aus dem 19. Jh. einen Besuch wert. Das Norton Simon Museum präsentiert Werke von Rembrandt, Degas, Monet, Renoir und van Gogh (411 W. Colorado Boulevard, www.nortonsimon.org; Mi.–Mo. 12.00–18.00, Fr. bis 21.00 Uhr). Im Osten, an den Ausläufern der San Gabriel Mountains, erfreut das Huntington Museum in **San Marino** Kunst- und Naturliebhaber gleichermaßen (1151 Oxford Road, www.huntington.org; Mo., Mi., Do. 12.00–17.00, Fr., Sa. 11.00–20.00, So. 11.00–17.00 Uhr). 13 **San Bernadino**, mit 52 000 km² größter Regierungsbezirk der USA und etwas größer als Niedersachsen, ist ein Zentrum des kalifornischen Orangenanbaus.

Die legendäre Route 66 verläuft mitten durch das Zentrum von San Bernadino. An der Straße steht auch das erste, im Jahr 1940 gegründete McDonald's-Restaurant, heute Museum. Der „Rim of the World Scenic Byway" schwingt sich durch die San Bernardino Mountains vom Lake Arrowhead über den Lake Baldwin bis zum Big Bear Lake. ⑮ **Knott's Berry Farm**, der zweitgrößte, eher traditionelle Vergnügungspark Kaliforniens mit haarsträubenden Achterbahnen und täglichem Shootout in Westernkulisse, liegt in dem Anaheim nordw. benachbarten Buena Park. Wie Anaheim gehört auch ⑯ **Long Beach** zum Orange County. Das Aquarium of the Pacific mit großen gläsernen Wassertanks (100 Aquarium Way, www.aquariumofpacific.org; tgl. 9.00 bis 18.00 Uhr) ist die Hauptattraktion.

INFORMATION
Anaheim Orange County Visitors & Convention Bureau, 800 West Katella Avenue, Anaheim CA 92803, Tel. 855/405 50 20, www.anaheimoc.org

⑰ – ⑲ Santa Monica

Schon im Jahr 1875 wurde am breiten Strand von ⑰ Santa Monica gebadet. Auch heute ist noch genug Platz für Sonnenhungrige, Surfer und Schwimmer, Jogger und Inline-Skater.

SEHENSWERT
Fast schon so alt wie Santa Monica selbst ist der 330 m lange **Santa Monica Pier**. In einem abgelegenen Wohngebiet in den Bergen von Santa Monica kommt man zur mittlerweile unter Denkmalschutz stehenden ⑱ **Villa Aurora**, die einst dem deutsch-jüdischen Schriftsteller Lion Feuchtwanger und seiner Frau Marta als Künstlerresidenz und Fluchtpunkt vor der Verfolgung durch die Nationalsozialisten diente und bis heute ein wichtiger Ort der Begegnung deutscher, europäischer und amerikanischer Kultur geblieben ist (520 Paseo Miramar, Pacific Palisades, CA 90272, Tel. 310/445 42 31, www.villa-aurora.org; Besichtung nur nach vorheriger Absprache, Informationen über aktuelle Veranstaltungen im Internet).

HOTELS
Das **Hotel Erwin** ist eine lässige Unterkunft mit Strandblick von der Rooftop Bar und trendigem Restaurant (1697 Pacific Avenue, Venice Beach, Tel. 310/452 11 11, www.hotelerwin.com; Zi ab 350 $, einige mit Kochnische). **Le Merigot**, eine großzügige, gepflegte Anlage, liegt nur einen Block vom Strand entfernt (1740 Ocean Avenue, Santa Monica, Tel. 310/395 97 00, www.marriott.com; DZ ab 400 $).

UMGEBUNG
Am Strand stehen die Stelzenhäuser von ⑲ **Malibu**, umspült von den Wellen des Pazifiks.

INFORMATION
Santa Monica Visitor Centre, 2427 Main Street, Santa Monica, CA 90405-1006, Tel. 310/393 75 93, www.santamonica.com

Genießen Erleben Erfahren

DuMont Aktiv

„Walk This Way!"

Wer bei Los Angeles auch ans Wandern denkt, der liegt gar nicht so falsch, wie mancher vielleicht annimmt. Besonders die ausgedehnten Naturparks in den Santa Monica Mountains am Nordrand der Stadt locken mit Dutzenden von Wanderwegen inklusive herrlicher Ausblicke.

Wer vermutet, in Los Angeles seien Fußgänger Freiwild und die einzige legale Fortbewegungsart der „Stop and Go"-Verkehr auf den überfüllten Highways, der täuscht sich gewaltig. Es gibt Dutzende kleiner Fluchten in die umgebende Natur und sogar Stadtwanderwege durch die Megalopolis. Die bis zu 1000 m hohen Santa Monica Mountains schirmen die besiedelte Küstenebene zum San Fernando Valley nach Norden ab. Sie stehen zum großen Teil unter Naturschutz. Zur über 280 km² großen National Recreation Area kommen diverse State Parks wie Malibu Creek, Topanga oder der Will Rodgers State Historic Park. Sie sind von einem Netz Dutzender Wander- und Mountainbike-Trails durchzogen. Idealerweise im milden Frühlingsklima oder auch im Herbst lässt es sich am besten wandern, im heißen Sommer sollte man genügend Trinkwasser mit sich führen.

Der Waterfall Trek führt auf einem rund 6,5 km langen Rundweg durch den Escondido Canyon am gleichnamigen Creek entlang bis zu einem Wasserfall. Rocky Oaks, mit einem Teich, Picknickstellen und Eichenhainen, kann man von der Kreuzung des Mulholland Drive mit der Kanan Road nach Nordwesten erreichen. Die knapp 4 km lange Rundstrecke im Arroyo Sequit Park führt auf dem Gelände einer früheren Ranch über weite Bergwiesen und durch eine Schlucht.

Weitere Informationen

www.discoverlosangeles.com listet eine Übersicht attraktiver Wanderstrecken auf.
Gute Infos bekommt man auch bei der Santa Monica Mountains National Recreation Area, www.nps.gov/samo.

Gute Verweise mit einer Liste schöner Trails findet man zudem auf www.trails.com.

Oasen des Lebens im Tal des Todes

Rund 300 Sonnentage im Jahr, dabei meist eine leichte Brise vom Meer, schöne Strände, Museen, Theater, Parks – verständlich, dass die Bewohner von San Diego ihre Stadt überaus lieben. Nur wenig weiter im Osten erwartet Besucher extreme Hitze in den Sommermonaten, aber auch die faszinierend karge Schönheit der Wüste, die erstaunlich schnell zu einem Blütenmeer wird, wenn es dann doch einmal regnet.

Sonnenaufgang am Zabriskie Point im Tal des Todes (Death Valley National Park).

Über die Bay geht der Blick auf die Downtown von San Diego, laut Eigenwerbung auf der Website der Stadt „Americas Finest City".

Handwerk aus spanischen Zeiten ist im Old Town State Historic Park zu sehen.

Die Flamingos der SeaWorld sind in den Lagunen Mittelamerikas heimisch.

Moderne, teilweise historisierende Architektur bestimmt die Horton Plaza in der Downtown von San Diego.

„‚Relax' said the night man, ‚We are programmed to receive / You can check out any time you like, but you can never leave.'"

Eagles, „Hotel California"

Nachdem Juan Cabrillo 1542 als erster Europäer mit einer kleinen Flottille von drei Schiffen die kalifornische Küste bis hinauf zum heutigen Oregon erkundet hatte, dauerte es noch einmal über 220 Jahre, bis mit dem Bau der ersten Missionskirche nördlich der Bucht von San Diego die Besiedlung der Region durch die Spanier begann. Erst nach der Annexion Kaliforniens durch die Vereinigten Staaten Mitte des 19. Jahrhunderts entstand das heutige Stadtzentrum im Nordosten der Bay. Der Anschluss an die transkontinentale Santa-Fe-Eisenbahnstrecke nach einem kleinen Goldrausch und der Ausbau des Hafens brachten weiteres Wachstum. Während in Europa der Erste Weltkrieg wütete, entstand zur Panama-California Exposition der weitläufige Balboa Park, der 20 Jahre später anlässlich der internationalen California-Pacific-Ausstellung mit vielen Museen und Gebäuden im spanischen Kolonialstil sein heutiges Gesicht erhielt. Doch erst der Überfall der Japaner auf das Marinekommando in Pearl Harbour Ende 1941 gab den entscheidenden Anstoß für das Wachstum San Diegos. Das Pazifikkommando der Navy wechselte von Hawaii in die sicherer erscheinende Hafenstadt Südkaliforniens, mit vielen Tausend Soldaten, mit Militäreinrichtungen und Zulieferbetrieben vor allem im Hafenbereich. Heute gründet sich die

Oben: In der ehemaligen Oase Palm Springs werden die namengebenden Gewächse gehätschelt. Unten: Sobald ein wenig Wasser da ist – manchmal reicht schon Tau – kommen Vögel (hier eine Dachsammer) in die Wüste. Rechts: Hole-in-the-Wall ist eine bekannte Region des Mojave National Preserve.

Calico Ghost Town erinnert an vergangene Zeiten, als in dieser 1881 in der Mojave-Wüste gegründeten Stadt rund 1200 Menschen lebten und in etwa 500 Silberminen Arbeit fanden.

Natives – Kaliforniens indigene Bevölkerung

Special

Bevor die Weißen kamen

Als Juan Rodriguez Cabrillo im Jahr 1542 mit seinem Segelschiff in die San Diego Bay einlief, mögen rund 130 000 Natives im Gebiet des heutigen Kalifornien gelebt haben. Etwa 100 Dialekte unterschiedlicher Sprachfamilien hatten sich in den rund 7000 Jahren herausgebildet, seit Nomaden aus Sibirien über die damals trockene Passage der Beringstraße nach Amerika gewandert waren.

Skulptur in der Calico Ghost Town.

Das Land war fruchtbar, Wild lebte in den dichten Wäldern reichlich, in den Flüssen wie im Ozean schwammen viele Fische. So gab es wenig Grund für kriegerische Auseinandersetzungen zwischen den Stämmen der Gabrielinos im Gebiet des heutigen Los Angeles, der Miwok an der San Francisco Bay und der Shasta ganz im Norden. Doch von den Weißen eingeschleppte Krankheiten, Misshandlungen, die Verdrängung aus dem angestammten Lebensraum sowie oft in Massakern endende Verfolgung reduzierte die Zahl der Natives zu Beginn des 20. Jahrhunderts auf wenig mehr als 10 000 Menschen. Heute verstehen sich wieder fast 700 000 Einwohner Kaliforniens als Natives – die meisten sind gut integrierte Mitglieder der US-amerikanischen Gesellschaft, nur etwa zehn Prozent von ihnen leben in den über den Bundesstaat verteilten Reservaten. In den letzten Jahren haben viele ein neues, stolzes Selbstbewusstsein entwickelt.

ökonomische Basis der Stadt vermehrt auf die Finanzwirtschaft, auf die Telekommunikations- und Biotechnologie sowie auf den Tourismus. Das gute Wetter, Vergnügungsparks, Museen, das die alten Zeiten beschwörende Gaslamp Quarter im Zentrum mit Geschäften, Restaurants und Bars, dazu das nahe Mexiko und ein kontrastreiches Hinterland begeistern Bewohner und Besucher von „America's Finest City" gleichermaßen. Die breiten Strände und der im Vergleich zum Norden des Bundesstaates angenehmer temperierte Pazifik – die kalten Meeresströmungen aus den arktischen Regionen verlieren hier so langsam ihre Wirkung – machen das Leben am und im Wasser zu einem dauerhaften Vergnügen.

Die Wüste ist nicht weit

Wer ins Landesinnere fährt, merkt sehr schnell, dass die Millionenstadt nicht viel Siedlungsraum hat, wird sie doch bereits nach nur wenigen Kilometern vom Pazifik entfernt von Wüsten begrenzt. Erstaunlich viele Tiere haben ihre Lebensweise an die Wüstenbedingungen angepasst. Wenn die Sonne untergeht, werden die Kojoten munter und gehen auf Jagd, ebenso wie die Panamint-Klapperschlange. Eidechsen und Tarantula-Spinnen verschwinden bei zu großer Hitze in Felsspalten, Dickhornschafe

Rechts: Im klimatisierten Wohnmobil ist ein Badlands-Ausflug ein Vergnügen. Ganz rechts: Von Dante's View geht der Blick hinab in die Unterwelt (hier im südlichen Teil des Death Valley bei Badwater, mit 86 Metern unter dem Meeresspiegel der tiefste Punkt in den Vereinigten Staaten). Unten: Luftiges Picknick ohne Scheu vor Abgründen am Font's Point im Anza-Borrego Desert State Park.

und verwilderte Esel ziehen sich auf kühlere Höhenzüge zurück. Sogar eine Fischart, Relikt aus längst vergangenen Zeiten, als vor 20 000 Jahren ein eiszeitliches Binnenmeer das Tal des Todes bedeckte, lebt in den Salzwasserpfützen des Death Valley. Sie erträgt, ebenso wie eine nur hier vorkommende Krabbenart, die extreme Salzkonzentration des Wassers. Bei zu großer Trockenheit, Kühle oder anderer Gefahr gräbt sich der Salzwüstenfisch im feuchten Schlamm ein und verfällt in eine Schlafstarre, bis sich die Lebensbedingungen für ihn wieder gebessert haben.

Extremer als hier im Tal des Todes geht es kaum

Auch das über 300 Kilometer weiter im Norden liegende Tal des Todes ist eine Landschaft der Extreme. „Tomesha" nannten es die Panamint-Indianer, „Land des Feuers". Im Sommer klettert das Thermometer hier auf durchschnittliche 47 Grad. Als sich Goldsucher und Siedler Mitte des 19. Jahrhunderts auf dem Weg nach Westen in der Einsamkeit verirrten, wurde die Wüste für sie zu einem Tal der Verzweiflung und des Todes.

Badwater liegt mit seinen Salzpfannen tief unter dem Meeresspiegel. Am Artist's Drive leuchten die erodierten Felsen in vielen Farben. Bei Stovepipe Wells schichtet der heiße Wind riesige Sanddünen auf, verschiebt und glättet sie wieder. Die gnadenlose Sonne bleicht Täler und Schluchten aus, lässt beim Devil's Golfcourse südlich von Furnace Creek geheimnisvolle und bedrohlich aussehende Salzkristalle aus dem Boden wachsen. Unheimlich auch der Ubehebe-Krater ganz im Norden des Tals. Er entstand vor 2000 Jahren, als eine Explosion den Kegel eines Vulkans zerriss. Ruinen und Überreste von Gerätschaften der boraxhaltiges Gestein abbauenden Minengesellschaft Harmony Borax Works erinnern bei Furnace Creek daran, das sich die Menschheit von keiner Unwirtlichkeit abschrecken lässt, wenn nur großer Verdienst lockt.

Die schönsten Badeplätze

Sommer, Sonne, Strand

Die kalte Meeresströmung, die von Norden die Küste entlang zieht, erreicht erst bei Santa Barbara moderate Wassertemperaturen. Auf Strandleben, Surfen und Sandburgenbauen muss man aber trotzdem nicht verzichten. Hier eine Auswahl unserer ganz persönlichen Favoriten.

1

4

1 Carmel Beach

Die ländliche Idylle von Carmel-by-the-Sea, lange bevorzugtes Refugium von Künstlern, hat sich dem Umweltschutz verschrieben und ist gleichzeitig ein recht teures Pflaster. Am familiären Strand fühlen sich alle wohl. Hunde dürfen hier von der Leine, und Kinder toben unter Aufsicht ihrer Eltern am weißen Sandstrand und in den Wellen.

Carmel Visitor Center, San Carlos, Carmel, CA 93921, Tel. 831/624 25 22, www.carmelcalifornia.org

2 East Beach

Sonnenanbeter, Sandburgenbauer und Beach-Volleyballer fühlen sich an diesem familienfreundlichen Strand gleichermaßen wohl. An den Wochenenden bieten Künstler und Kunsthandwerker ihre Arbeiten im Schatten von Palmen zum Verkauf an. Vor der Küste kann man bei gutem Wetter die Inseln des Channel Islands National Park ausmachen.

Santa Barbara CVB, 1601 Anacapa St., Santa Barbara, CA 93102, Tel. 805/966 92 22, www.santabarbara.com

3 Surfrider Beach

Die Wellen, die hier auf den Strand zurollen, inspirierten schon in den 1960er-Jahren die Beach Boys und begründeten einen entspannten Strand-Lebensstil. Am benachbarten Zuma Beach findet man Snack-Bars und Umkleidekabinen. Die teilweise auf Stelzen gebauten Strandvillen gehören zu den teuersten Unterkünften in der langen Bucht von Los Angeles.

Chamber of Comerce, 238 Stuart Ranch Rd. Suite 105, Malibu, CA 90265, Tel. 310/456 90 25, www.malibu.org

4 Manhattan Beach

Wegen der langen Dünung ist dieser belebte, aber nicht überfüllte Strandabschnitt bei Los Angeles besonders bei Surfern beliebt. Doch hier wird auch Beach-Volleyball gespielt, und im August kommen die Profis zu den Manhattan Beach Volleyball Open an den Strand. Am Beach Boulevard gibt es diverse Snack-Restaurants und Bars.

City of Manhattan Beach, 1400 Highland Avenue, Manhattan Beach, CA 90266, Tel. 310/802 50 00 www.citymb.info/visitors

5 Avalon

Das Naturparadies von Santa Catalina Island erreicht man am besten in ein bis zwei Stunden mit Schnellfähren vom rund 30 Kilometer entfernten Long Beach und anderen Küstenorten. Vier Fünftel der autofreien Insel stehen unter Naturschutz. South Beach mit weichem Sand, dezentem Wellengang und Rettungsschwimmern liegt gleich bei der Green Pleasure Pier.

Catalina Island Chamber of Commerce & Visitors Bureau, 1 Green Pleasure Pier, Avalon, CA90704, Tel. 310/510 15 20, www.catalinachamber.com

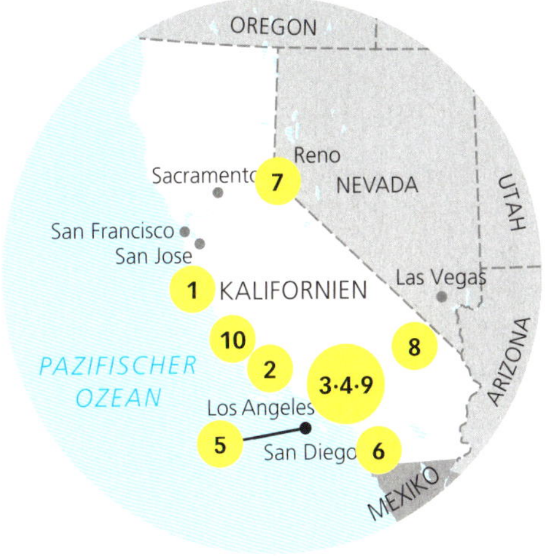

6 La Jolla Cove

In der kleinen, naturgeschützten Meeresbucht vor dem eineinhalb Kilometer langen Sandstrand tummeln sich zur Freude der Taucher und Schnorchler orangenfarbige Garibaldi-Fische, Riffbarsche und Rochen. Im nahe gelegenen, „Village“ genannten Zentrum lassen sich diverse Geschäfte und Boutiquen, Cafés oder Restaurants erkunden.

La Jolla Visitor Information Center, 1162 Prospect St., Tel. 858/454 57 19, www.lajollabythesea.com

7 Lester Beach

Die lagunenartige Bucht im D.L. Bliss State Park an der Westküste des Lake Tahoe gehört zu den beliebtesten Badeplätzen an diesem Hochgebirgssee. Beim Sandstrand am Ufer des State Park gibt es Umkleideräume, aber nicht allzu viele Parkplätze. Auch Kajak- und Paddleboard-Fahrer fühlen sich hier wohl.

D. L. Bliss State Park, South Lake Tahoe, CA 96150, Tel. 530/525 72 77, www.parks.ca.gov/?page_id=505

8 Pirate Cove

Familien- und Badespaß am Colorado River, am Rande des Moabi Regional Park und an der Grenze zu Arizona. Am Seitenarm des klaren Flusses ist ein Badeparadies mit Unterkünften, Restaurant, Bootsverleih und Zip-Line über das Wasser entstanden. Die Route 66 führt in unmittelbarer Nähe vorbei.

Pirate Cove Resort & Marina, 100 Park Moabi Road, Needles, CA 92363, Tel. 760/326 90 00, www.piratecoveresort.com

9 Santa Monica Beach

Die Pier mit Imbissbuden, Souvenirgeschäften, Kunsthandwerksständen, einem Aquarium, dem Karussell und Anglern, die hier ihr Glück versuchen, kennen viele aus diversen Hollywoodfilmen. Beiderseits davon erstreckt sich ein breiter, insgesamt fünf Kilometer langer Sandstrand, durch den sich eine gekurvte Strecke für Jogger, Fahrradfahrer und Rollschuhfahrer schlängelt. Mehrere kleine Beach Parks laden zum Picknick ein.

City of Santa Monica, 1685 Main Street, Santa Monica, CA 90401, www.smgov.net/portals/beach

10 San Luis Obispo Bay

Breite und insgesamt rund 40 km lange Strände, aufgelockert durch dekorative Felsklippen, machen die Bucht von San Luis Obispo zum beliebten Ferienziel. Die bekanntesten Badeplätze sind Avila Beach, Grover Beach und Pismo Beach, dessen Klippen sich auch braune Pelikane als bevorzugten Rastplatz auserkoren haben. Die Dünenlandschaft gleich südlich von Oceano darf mit All-terrain-vehicles (ATV) befahren werden.

www.sanluisobispovacations.com/things-to-do/beaches

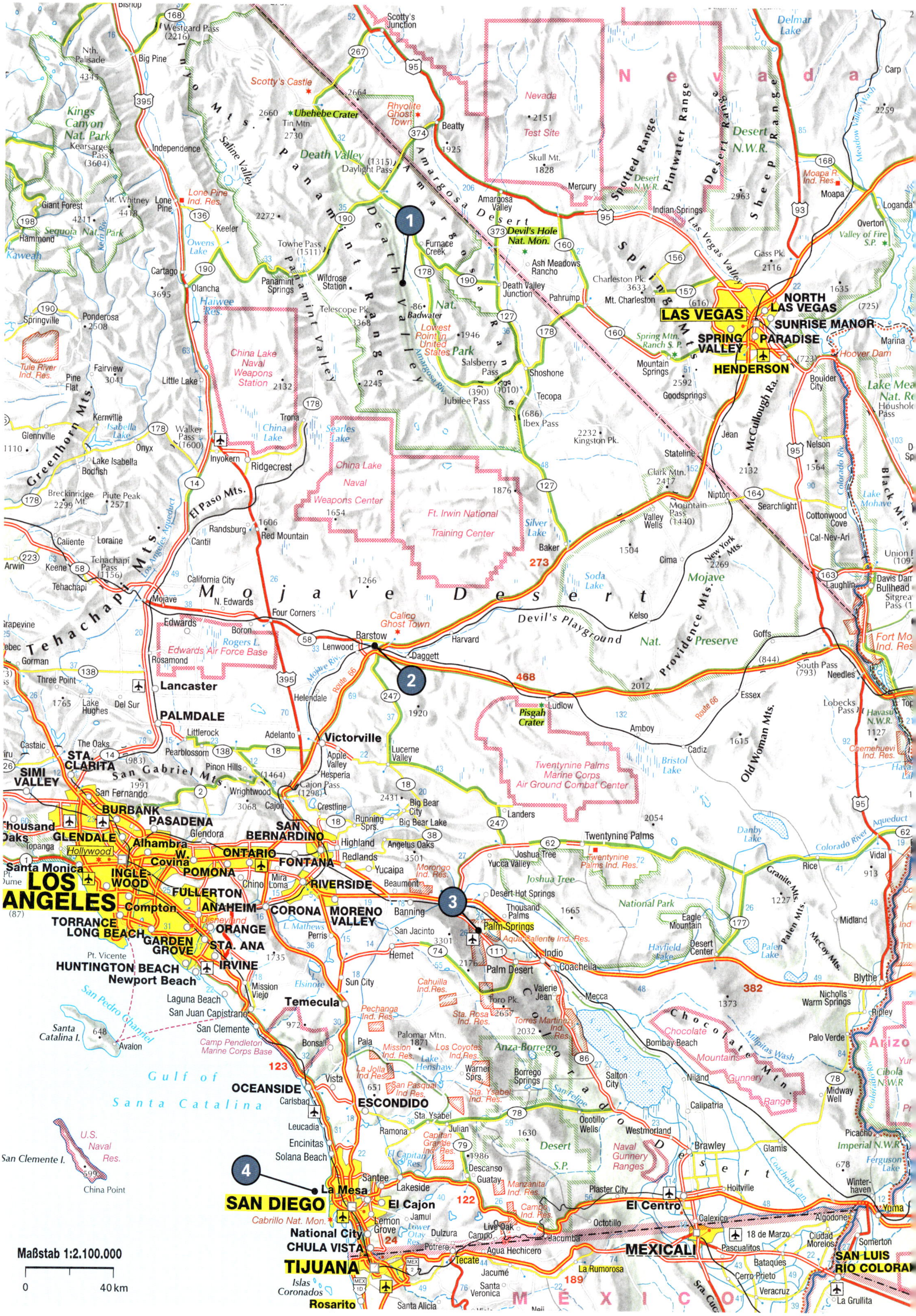

1
2
3
4
LOS ANGELES
SAN DIEGO
TIJUANA
LAS VEGAS
NORTH LAS VEGAS
SUNRISE MANOR
SPRING VALLEY
PARADISE
HENDERSON
MEXICALI
N e v a d a
M o j a v e D e s e r t
Death Valley
Death Valley
Panamint Range
Panamint Valley
Amargosa Desert
Amargosa Range
Spring Mts.
Nevada Test Site
Desert N.W.R.
Sheep Range
Desert Range
Pintwater Range
Spotted Range
Kings Canyon Nat. Park
Sequoia Nat. Park
Inyo Mts.
Saline Valley
Scotty's Castle
Scotty's Junction
Ubehebe Crater
Rhyolite Ghost Town
Beatty
Daylight Pass
Furnace Creek
Badwater
Lowest Point in United States
Nat. Park
Devil's Hole Nat. Mon.
Death Valley Junction
Pahrump
Shoshone
Tecopa
Baker
China Lake Naval Weapons Station
China Lake Naval Weapons Center
Ft. Irwin National Training Center
Searles Lake
Ridgecrest
Inyokern
Trona
Lone Pine
Lone Pine Ind. Res.
Owens Lake
Independence
Bishop
Big Pine
Tehachapi Mts.
Tehachapi
El Paso Mts.
Mojave
California City
Edwards Air Force Base
Rogers L.
Barstow
Calico Ghost Town
Daggett
Devil's Playground
Mojave Nat. Preserve
Providence Mts.
New York Mts.
Kelso
Cima
Goffs
Needles
Essex
Amboy
Ludlow
Pisgah Crater
Twentynine Palms Marine Corps Air Ground Combat Center
Twentynine Palms
Joshua Tree National Park
Old Woman Mts.
Lancaster
PALMDALE
Victorville
Hesperia
Apple Valley
San Gabriel Mts.
STA. CLARITA
SIMI VALLEY
BURBANK
PASADENA
GLENDALE
Hollywood
Santa Monica
INGLEWOOD
Compton
TORRANCE
LONG BEACH
GARDEN GROVE
STA. ANA
ANAHEIM
FULLERTON
ORANGE
IRVINE
HUNTINGTON BEACH
Newport Beach
POMONA
ONTARIO
FONTANA
SAN BERNARDINO
RIVERSIDE
CORONA
MORENO VALLEY
Redlands
Big Bear Lake
Banning
Palm Springs
Desert Hot Springs
Palm Desert
Indio
Coachella
Mecca
Salton Sea
Temecula
Laguna Beach
San Juan Capistrano
San Clemente
Camp Pendleton Marine Corps Base
OCEANSIDE
Carlsbad
ESCONDIDO
Encinitas
Solana Beach
La Mesa
El Cajon
National City
CHULA VISTA
Rosarito
Tecate
El Centro
Calexico
Brawley
Yuma
SAN LUIS RÍO COLORADO
Blythe
Chocolate Mountains
Anza-Borrego Desert S.P.
Borrego Springs
Santa Catalina I.
Avalon
San Clemente I.
U.S. Naval Res.
Gulf of Santa Catalina
San Pedro Channel
Colorado Desert
Colorado River
Lake Mead Nat. Rec.
Hoover Dam
Boulder City
Laughlin
Bullhead
Lake Mohave
Black Mts.
McCullough Ra.
Arizona
M É X I C O
Maßstab 1:2.100.000
0
40 km

Vom Ozean zur Wüste

Die Wüsten Kaliforniens breiten sich über 100 000 Quadratkilometer bis an die Grenzen Arizonas im Osten und Mexikos im Süden aus. San Diego, ganz im Süden der kalifornischen Pazifikküste gelegen, gilt mit seinem ganzjährig angenehmen Klima als eine Stadt, in der es sich gut leben lässt.

1 Death Valley

Das Tal des Todes ist heiß und trocken. Mehrere Bergketten im Westen lassen die Wolken bereits vorher abregnen. Rund 47 °C im kaum vorhandenen Schatten werden im Sommer durchschnittlich gemessen. Dennoch ist das Tal entgegen seines Namens nicht tot, eher ein Refugium hochspezialisierter Natur. Die Sanddünen von Stovepipe Wells, die ausgewaschenen Felsfurchen bei Zabriskie Point und die farbig gezeichneten Felsen am Artist's Drive gehören zu den Naturschönheiten des 13 000 km² großen, von Bergen eingerahmten Tals.

SEHENSWERT

Dem Aussichtspunkt **Dante's View** (1669 m) liegt das ganze Tal des Todes zu Füßen. Knapp 30 km zuvor gibt eine Ausstellung im **Furnace Creek Visitor Center** Auskunft über die Geschichte, Flora und Fauna des Tals (tgl. 9.00 bis 17.00 Uhr). **Scotty's Castle** gehörte in den 1920er-Jahren einem Geschäftsmann aus Chicago; das im maurisch-spanischen Stil am Nordrand des Nationalparks erbaute Anwesen wurde nur bis zum Börsenkrach 1929 bewohnt und ist heute ein Museum (tgl. 8.30–16.15 Uhr, Eintritt nur mit reservierten Touren, Tel. 877/444 67 77).

HOTEL UND RESTAURANT

Furnace Creek Inn & Ranch Resort bietet einfache und luxuriöse Unterkünfte in der Oase (Highway 190, Death Valley CA 92328, Tel. 760/ 7 86 23 45, www.furnacecreekresort.com; Zimmer ab 120/245 $). Lunch und Abendessen im Buffetstil sowie à la carte gibt es im **Wrangler Buffet & Steakhouse** (Furnace Creek Resort).

INFORMATION

Death Valley National Park,
P.O. Box 579, Furnace Creek CA 92328,
Tel. 760/786 32 00, www.nps.gov/deva

2 Barstow

Die Mojave-Wüste breitet sich vom Ostrand der Sierra Nevada bis zum Colorado River aus. In der von felsigen Erhebungen unterbrochenen Hochebene um die 1880 gegründete Kleinstadt Barstow wurden Ende des 19. Jh. Gold und Silber gefunden. Ghosttowns mit windschiefen Häusern erzählen von den hektischen Zeiten des kurzen Goldrausches zwischen den Jahren 1881 und 1896.

Staubtrockene Racetrack Playa im Tal des Todes: Trotz der extremen Hitze zieht es viele Touristen in diese unwirtliche Region. Als Lohn der Strapazen wartet dieses grandiose Naturschauspiel.

SEHENSWERT

Calico Ghost Town (nordöstl.) bietet eine hübsch herausgeputzte Westernatmosphäre mit Shoot-Out, Saloons und Goldwäsche.

HOTEL UND RESTAURANT

Die **Desert Villa** ist ein ordentliches Motel in der Mojave-Wüste (1984 East Main Street, Barstow CA 92311, Tel. 760/256 17 81, www.bestwesternbarstow.com; Zimmer ab 90 $).
Idle Spurs Steakhouse ist rustikal und seit 50 Jahren für altmodisch große Portionen bekannt (690 Old Highway 58, Tel. 760/256 88 88).

UMGEBUNG

Der **Red Rock Canyon State Park** (westl. zwischen Mojave und Ridgecrest bei Cantil) an der Südspitze der Sierra Nevada hat mit seinen roten Felsen schon in diversen Hollywood-Western, aber auch in Steven Spielbergs „Jurassic Park" als Kulisse gedient.

INFORMATION

Barstow Area Chamber of Commerce and Visitors Bureau, 681 North First Avenue, P.O. Box 0698, Barstow CA 92312, Tel. 760/ 256 86 17, www.barstowchamber.com

3 Palm Springs

Palm Springs war bis in die 1960er-Jahre Winterquartier der High Society. Dank allgegenwärtiger Klimaanlagen, tausender Pools und diverser Golfplätze lässt es sich im gesunden Wüstenklima von Desert Hot Springs, Palm Springs oder Palm Desert gut leben – wenn man das nötige Kleingeld hat.

SEHENSWERT/MUSEUM

Ein Wanderweg führt vom Indian Trading Post 8 km südl. des Ortes in den **Palm Canyon**, einen beeindruckenden Wald mit hunderten riesiger *Washingtonia*-Palmen. Im südl. benachbarten Palm Desert lohnt der Zoo **Living Desert** einen Besuch (47900 Portola Avenue, www.livingdesert.org; Juni–September tgl. 9.00–13.00, sonst 9.00–17.00 Uhr). Das **Palm Springs Art Museum** besticht durch eine Sammlung präkolumbianischer Kunst, mit Glasarbeiten sowie amerikanischer Kunst des 20. Jh. (101 N. Museum Drive, www.psmuseum. org; Di.–Mi. und Fr.–So. 10.00–17.00, Do. 12.00–20.00 Uhr, Mo. u. im Aug. geschl.).

HOTELS UND RESTAURANT

Das **Alcazar Palm Springs** ist ein Boutique-Hotel in spanischem Kolonialstil (622 North Palm Canyon Drive, Palm Springs CA 92262,

Tel. 760/318 98 50, www.alcazarpalmsprings.com; Zimmer ab 110 $). Das **Movie Colony Hotel** besteht aus kleinen Bungalows; Frühstück und Happy Hour an der Bar (726 North Indian Canyon Drive, Palm Springs CA 92262, Tel. 1-888/953 57 00, www.moviecolonyhotel.com. Zimmer ab 83 $). Köstliche kalifornische Küche mit pazifischen Anleihen serviert das **Copley's** (621 North Palm Canyon Drive, Palm Springs, Tel. 760/327 95 55, www.copleyspalmsprings.com).

UMGEBUNG

Wer mit der Gondelbahn den **Mount San Jacinto State Park** erreicht hat, kann in 2600 m Höhe wandern und im Winter mit Langlaufski durch die Landschaft gleiten (Aerial Tramway, www.pstramway.com; Mo.–Fr. 10.00–21.45, Sa./So. ab 8.00 Uhr). Der 3200 km² große **Joshua Tree National Park** TOPZIEL im Osten von Palm Springs bietet vom Key View Point einen Panoramablick ins Coachella-Tal, dazu diverse Wander- und Mountainbikestrecken und rosarote Granitfelsen, die für Bergsteiger und Freeclimber echte Herausforderungen sind. Der spanische Hauptmann Juan Bautista de Anza, der 1774 die Region erkundete, und das Dickhornschaf gaben dem 2430 km² großen **Anza-Borrego Desert State Park** seinen Namen. Nur wenige Straßen durchqueren die bizarr-schöne Landschaft mit tiefen Schluchten, Steinwüsten und Palmenoasen, die am Kamm des Küstengebirges hinter San Diego beginnt und fast bis zum Salton Sea reicht. Zwischen März und Mai, falls Westwinde genügend Regen bringen, verwandelt sich der Wüstenboden für kurze Zeit in einen Blumenteppich – eine ideale Zeit für Ausflüge oder eine Wanderung. Der 5 km lange Weg durch den Borrego Palm Canyon beginnt nicht weit vom Visitor Center in Borrego Springs; er führt zu Fächerpalmenhainen und einem Wasserfall in der Oase. **Salton Sea**, der 974 km² große Salzwassersee 66 m unter der Meereshöhe, war eigentlich längst ausgetrocknet. Doch ein Dammbruch 1905 am fernen Colorado flutete ihn erneut. Mehrere Millionen Zugvögel nutzen nun das flache Wasser am Südufer als Winterquartier.

Tipp

Nashörner, Elefanten

Escondido, gleich östl. Carlsbad am Golf von Santa Catalina, ist bekannt wegen seiner guten Weine und wegen seines 730 ha großen **Wildparks**, eines Ablegers des San-Diego-Zoos, über dessen weite Savannen Antilopen, Nashörner und Elefanten traben.

INFORMATION

San Diego Zoo Safari Park, 15500 San Pasqual Valley Road, Escondido, www.sazsafariparks.org, 1649 El Prado, Suite 3, tgl. ab 9.00 Uhr, Schlusszeiten variieren

Oben: Naturerlebnis pur im Joshua Tree National Park. Rechts: Oldsmobile am Mission Beach Boulevard in San Diego.

INFORMATION

Palm Springs Visitor Center, 2901 N. Palm Canyon Drive, Palm Springs, Tel. 760/778 84 18, www.visitpalmsprings.com

4 San Diego

Die mit knapp 1,3 Mio. Einw. zweitgrößte kalifornische Metropole und Hauptstadt des gleichnamigen County hat sich ein legeres Image bewahrt. Rund 300 Sonnentage im Jahr und ein ausgeglichen warmes Klima, dazu lange Strände an Pazifik und Mission Bay sowie ausgedehnte Parkanlagen lassen die Millionenstadt als großen Ferienort erscheinen. Dabei zeigen die Wolkenkratzer im Financial District, dass San Diego auch ein internationales Bankenzentrum ist. Bei einer Rundfahrt durch die Bay ist die große Bedeutung des Hafens unübersehbar. Und wer einmal nach Mexiko reisen will, steigt hier einfach in die Straßenbahn.

SEHENSWERT

Das mehrere Straßenzüge umfassende **Gaslamp Quarter** im Zentrum steht als Historic District unter Denkmalschutz. Diverse Restaurants und Bars sorgen für einen Anflug von Nachtleben. Gleich daneben lockt das vielfarbige Einkaufs- und Vergnügungszentrum Horton Plaza Besucher an. Der **Hafen** an der Bay mit großer Marina, Anleger für Kreuzfahrtschiffe und gleichzeitig Militärstützpunkt, gehört zu den wirtschaftlichen Standbeinen der Stadt. Das **Cabrillo National Monument** erinnert an die Erkundung der kalifornischen Küste Mitte des 16. Jh. Der **Balboa Park** ist zugleich die grüne Oase der Stadt, bedeutendster Museumsstandort von San Diego und Heimat des berühmten **San Diego Zoo** (www.sandiegozoo.org, tgl. ab 9.00 Uhr). **Old Town San Diego** etwas weiter nördl. war zu spanisch-mexikanischen Zeiten Stadtzentrum; restaurierte Gebäude aus dem 19. Jh. sind passend ausgestattet und zu besichtigen (Info in der Casa de Balboa im History Center, www.sandiegohistory.org). Die nicht weit entfernte **Mission Basilica San Diego de Alcala** (10818 San Diego Mission Road, www.missionsandiego.com; tgl. 9.00 bis 16.30 Uhr) wurde 1769 von Pater Junípero Serra gegründet und gilt als „Mutter" der kalifornischen Missionskirchen. Die einstige Sumpflandschaft der **Mission Bay** ist längst Areal für Freizeit und Sport. Der Meereszoo **SeaWorld** TOPZIEL ist bekannt für seine spektakulären Shows mit Orcas, Delfinen und anderen Wassertieren (500 Sea World Drive, Mission Bay, www.seaworld.com; Sommer tgl. ab 9.00, Winter tgl. ab 10.00 Uhr, Schlusszeiten variieren). Der Ortsteil **La Jolla** ist beliebt wegen seiner Sandstrände. Das **Birch Aquarium** (2300 Expedition Way, www.aquarium.ucsd.edu; tgl. 9.00–17.00 Uhr) zieht mit seiner exzellenten Ausstellung zur Biologie kalter und warmer Meeresströmungen viele Besucher an.

MUSEEN

Das **Mingei International Museum** zeigt wechselnde Volkskunst aus vielen Ländern (www.mingei.org; Di.–So. 10.00–17.00 Uhr). Das **Museum of Photographic Arts** informiert über die Geschichte der Fotografie (www.mopa.org; Di.–So. 10.00–17.00 Uhr). Im **Museum of San Diego History** steht die Geschichte seit Mitte des 19. Jh. im Mittelpunkt (www.sdnhm.org; Di.–So. 10.00–17.00 Uhr). Das **Museum of Man** präsentiert die präkolumbianischen Kulturen der Region und die Frühgeschichte der

Menschheit (www.museumofman.org; So.–Mi. 10.00–17.00, Do.–Sa. bis 20.30 Uhr). Das **Automotive Museum** zeigt 80 herausgeputzte (meist US-)Oldtimer (www.sdautomuseum.org; tgl. 10.00 –17.00 Uhr). Im **Model Railroad Museum** ist die größte Modelleisenbahnausstellung der USA zu sehen (www.sdmrm.org; Di.–Fr. 11.00–17.00 Uhr). Das **Museum of Art** zeigt Meisterwerke der Kunst aus aller Welt (www.sdmart.org; Mo., Di., Do., Fr., Sa. 10.00 bis 17.00, So. 12.00–17.00 Uhr), das **Natural History Museum** Wissenswertes zu Flora, Fauna und Geologie Südkaliforniens (www.sdnhm.org; tgl. 11.00–17.00 Uhr). Im **Timken Museum of Art** hängt eine feine Sammlung europäischer Meister (www.timkenmuseum.org, Di.–Sa. 10.00–16.30, So. erst ab 12.00 Uhr). Die fünf Schiffe des **Maritime Museum** liegen am Hafenquai (1492 North Harbor Drive, www.sdmaratime.org, tgl. 9.00–20.00, im Sommer bis 21.00 Uhr).

HOTELS UND RESTAURANTS

Gaslamp Plaza Suites liegt zentral (520 East Street, San Diego CA 92101, Tel. 619/232 95 00, www.gaslampplaza.com; Zimmer ab 140 $). **Catamaran Resort** ist ein Strandresort am Mission Beach mit polynesischem Flair (3999 Mission Boulevard, San Diego CA 92109, Tel. 858/488 10 81, www.catamaranresort.com; Zimmer ab 180 $). **George's** bietet moderne kalifornische Küche mit Blick auf den Pazifik (1250 Prospect Street, La Jolla, Tel. 858/454 42 44), **Villa Nueva Bakery** ausgezeichneten Kaffee, gutes Gebäck und Snacks von morgens bis nachmittags (956 Orange Avenue, Coronado).

UMGEBUNG

Die Gemeinde **Coronado** liegt auf einer Halbinsel zwischen der San Diego Bay und dem Pazifik, bekannteste Sehenswürdigkeit ist das „Hotel del Coronado“ von 1888; es spielte u.a. in „Manche mögen's heiß“ eine Hauptrolle.

INFORMATION

San Diego Tourism Authority,
750 B Street, San Diego, CA 92101,
Tel. 619/231 01, www.sandiego.org

Tipp

Ein Abstecher nach Mexiko

Mexiko ist von San Diego nur eine kurze Fahrt mit der Straßenbahn oder dem Greyhound Bus entfernt. Das mexikanische Tijuana, eine Großstadt mit 2 Mio. Einw., bietet gleich hinter der Grenze im Centro Cultural (Paseo de los Heroes/ Avenida Independencia) einen recht sehenswerten Überblick zu Kultur und Geschichte. In den Arenen El Toreo und Playas de Tijuana finden von April bis Okt. Stierkämpfe statt.

Genießen Erleben Erfahren

DuMont Aktiv

Im Unterwasserwald

In den Gewässern vor San Diego haben die kalten pazifischen Meeresströmungen des Nordens ihre Kraft verloren. Mit einer reichen Unterwasserwelt und alten Schiffswracks findet man hier ideale Bedingungen für besondere Taucherlebnisse.

Gigantische Tangwälder mit 30 m langen Trieben bewegen sich majestätisch im Rhythmus des Wellenschlags nicht weit vor Point Loma und La Jolla. Vergleichbar nur mit Korallenriffen, sind sie Heimat für ein reiches Ökosystem von Fischen und Schalentieren. Auch der hellorangene Garibaldi, „Staatsfisch“ von Kalifornien, fühlt sich in den Küstengewässern vor San Diego zu Hause. Im 24 km^2 großen La Jolla Underwater Park bilden vor mehr als 30 Jahren versenkte Felsbrocken künstliche Riffe, besonders attraktiv für Taucher und Schnorchler. Hinzu kommt als besonderes Erlebnis die „Wreck Alley“, ein Schiffsfriedhof vor der Küste von Mission Beach. Er gehört zu den beliebten Tauchrevieren von Südkalifornien. U-Boote, Zerstörer, aber auch einige zivile Schiffe sind für Taucher präpariert und hier versenkt.

Für geübte Taucher bieten der La Jolla und der Scripps Canyon, tiefe Spalten im Meeresgrund gleich vor der Küste, Taucherlebnisse in größeren Tiefen, die man auch ohne längere Bootstouren schnell erreichen kann.

Weitere Informationen

San Diego Ocean Foundation (Tel. 619/523 19 03, www.sdof.org) ist eine gute Quelle für aktuelle Tauchtipps.

Ocean Enterprises (7710 Balboa Ave., Tel. 858/ 565 60 54, www.oceanenterprises.com) gehört zu den bewährten Tauchveranstaltern.

Das Gleiche gilt für Scuba San Diego (Tel. 619/ 260 18 80, www.scubasandiego.com). OEX Dive Centers unterhält mehrere Tauchstationen im Raum San Diego (www.oexcalifornia.com).

Oben: On the road im Anza-Borrego Desert State Park. Rechts oben: Höher geht es nicht hinauf in Kalifornien: Mount Whitney (4418 m). Darunter: Windskaterregatta in der Mojave-Wüste.

Service

Praktische Informationen für die Reise und einiges Wissenswerte über Kalifornien.

Anreise

San Francisco und Los Angeles werden von Transatlantikflügen direkt aus Europa angeflogen. Viele amerikanische Airlines erreichen Kalifornien mit Umsteigeverbindungen u.a. über New York, Chicago und Dallas. An den beiden großen internationalen kalifornischen Airports sind die gängigen Mietwagenunternehmen vertreten, außerdem stehen Taxen für einen – relativ teuren – Transfer bereit. Die Minibusse von SuperShuttle (Tel. San Francisco 800/258 38 26, Los Angeles Tel. 213/688 04 44) befördern Passagiere für ca. 15–25 $ zu vielen City- Hotels. In San Francisco kann man die City auch mit

Info

Geschichte

ca. 15 000 v. Chr: Eiszeitliche Nomaden wandern über die damals bestehende Landbrücke der heutigen Beringstraße aus Asien zum amerikanischen Kontinent.
1542: Juan Rodriguez Cabrillo erkundet im Auftrag des spanischen Königs die nordamerikanische Westküste.
1769: Der Franziskanerpater Junípero Serra gründet bei San Diego die erste von 21 Missionsstationen Kaliforniens.
1812: Russische Pelzhändler aus Alaska errichten die befestigte Handelsstation Fort Ross.
1821: Die Mexikaner erzwingen durch eine Revolution die Unabhängigkeit von Spanien. Kalifornien wird mexikanische Provinz.
1848: Bei Sacramento, auf dem Land John Sutters, wird Gold gefunden. Die USA annektieren nach dem Krieg gegen Mexiko Kalifornien und weitere Territorien bis zum Rio Grande. Der Goldrausch zieht Glücksuchende aus ganz Nordamerika an die Westküste.
1850: Kalifornien wird 31. Bundesstaat der Vereinigten Staaten von Amerika, Sacramento dessen Hauptstadt.
1869: Die erste transkontinentale Eisenbahnstrecke verbindet die Ost- und die Westküste.
1890: Yosemite und Sequoia werden zu Nationalparks erklärt.
1892: In Downtown-L.A. wird Erdöl gefunden und industriell ausgebeutet.
1906: Ein Erdbeben zerstört San Francisco. 28 000 Bewohner sterben, eine Viertelmillion wird obdachlos.
1911: Erstes Filmstudio in Hollywood.
1932: Los Angeles veranstaltet erstmals die Olympischen Spiele.
1941: Nach dem japanischen Angriff auf den Flottenstützpunkt Pearl Harbour auf Hawaii werden die Vereinigten Staaten zu Kriegsteilnehmern des Zweiten Weltkriegs.
1945: In San Francisco gründet man die Vereinten Nationen
1955: In Anaheim bei Los Angeles eröffnet Disneyland und wird sofort ein großer Erfolg.
1963: Der Kalifornier John Steinbeck erhält den Nobelpreis für Literatur.
1965: Soziale Unruhen in Los Angeles mit über 30 Toten in Schwarzenvierteln. In Berkeley und anderen Städten nehmen Proteste gegen den Vietnamkrieg der USA zu.
1967: „Summer of Love" – Höhepunkt der Hippie-Bewegung in San Francisco.
1968: Der demokratische Präsidentschaftskandidat Robert Kennedy wird in Los Angeles ermordet. Als 37. Präsident der USA vereidigt man den Republikaner Richard Nixon.
1980: Ronald Reagan, früherer Schauspieler und republikanischer Gouverneur von Kalifornien, wird 40. Präsident der USA.
1984: Erneut finden die Olympischen Sommerspiele in Los Angeles statt, boykottiert vom kommunistischen Ostblock.
1989: Das Erdbeben von Loma Prieta fordert 63 Todesopfer. Die Bay-Brücke von San Francisco nach Oakland stürzt ein.
1994: Joshua Tree und Death Valley werden als Nationalparks unter Schutz gestellt.
2000: Der Zusammenbruch vieler „Dotcom"-Unternehmen führt zum Börsencrash. Eine schlimme Wirtschaftskrise ist die Folge.
2003: Arnold Schwarzenegger, Einwanderer aus Österreich, Ex-Bodybuilder und Schauspieler, wird Gouverneur von Kalifornien.
2010: Als erste Frau erhält Kathryn Bigelow einen Oscar für die Regie ihres Films „Tödliches Kommando – The Hurt Locker".
2011: Der Demokrat Jerry Brown wird als der 39. Gouverneur von Kalifornien vereidigt.
2013: „Same-Sex-Marriage", die Heirat Gleichgeschlechtlicher, wird nach langem Rechtsstreit in Kalifornien legal.
2015: Kalifornien leidet unter so extremer Dürre und Wasserknappheit, dass zeitweise Rationierungen verordnet werden müssen.

Fortbewegung anno dazumal: Das National Steinbeck Center in Salinas, dem Geburtsort des Literatur-Nobelpreisträgers, der auch die mit James Dean verfilmte Familiensaga „Jenseits von Eden" schrieb, zeigt Regionalgeschichte.

der Schnellbahn des öffentlichen Nahverkehrs BART (Bay Area Rapid Transit) erreichen. Prinzipiell gilt der erste Flughafen, auf dem Passagiere in den USA landen, als Einreisepunkt. Hier werden die Pässe oder das Visum kontrolliert, hier erhält man sein Gepäck und passiert den Zoll. Wer gleich weiterfliegt, der gibt sein Gepäck unmittelbar nach der Zollkontrolle an einem Abfertigungscounter für „Transfer Passengers" erneut ab.

Auskunft

Allgemeine Informationen California Travel & Tourism Commission, 55 Capitol Mall, Suite 1100, Sacramento CA 95814, Tel. 916/444 44 29, www.visitcalifornia.de.
Informative Webseiten Eine deutschsprachige Infoseite zu den USA mit Link zu Kalifornien ist www.usa.de. Übersichten zu den US-Nationalparks, mit Links zu den Nationalparks in Kalifornien, bietet www.nps.gov; zu allen kalifornischen State Parks www.parks.ca.gov.

Autofahren

Das Autofahren ist in Kalifornien weniger hektisch und aggressiv als in Europa allgemein üblich. **Entfernungen** und **Geschwindigkeiten** werden in Meilen (= 1,609 km) angegeben (1 yard = 0,915 m). Auf Autobahnen gilt meist ein Tempolimit von 65–75 Meilen/Std. (104–121 km/h), auf Landstraßen sind es 55 (88 km/h), in Ortschaften zwischen 25 und 30 Meilen/Std. (40–48 km/h).
Für die Anmietung eines **Mietwagens** im Urlaub reicht ein gültiger deutscher Führerschein. Mindestanmietalter ist 21 Jahre. Für unter 25-Jährige wird meist eine Zusatzversicherung fällig. Für die notwendige Kaution ist eine gängige Kreditkarte erforderlich. Ein Betrag wird nur im Schadensfall abgebucht. Es ist sinnvoll, einen Mietwagen bereits vor der Abreise zu buchen: entweder im Reisebüro über den Katalog eines Reiseveranstalters oder direkt im Internet. Wichtig ist, bereits alle Steuern und Abgaben in die Buchung einzuschließen und darauf zu achten, dass der Wagen mit unbegrenzten Kilometern gemietet wird. Gute Preise bieten beispielsweise Auto Europe (www.autoeurope.de) und alamo (www.alamo.de).
In den USA gelten einige besondere **Verkehrsregeln**. Auf den autobahnähnlichen Highways ist auch das Rechtsüberholen erlaubt. An Ampeln darf man (außer bei dem ausdrücklichen Verbot „No turn on red") auch bei Rot vorsichtig nach rechts abbiegen. Steht auf einem Stoppschild „4-Way-Stop", überqueren die Fahrzeuge die Kreuzung in der Reihenfolge ihrer Ankunft; das bedeutet, hier gilt nicht rechts vor links. Wer an Bushaltestellen, Wasserhydranten oder bei rot markiertem Bordstein parkt, riskiert, sofort abgeschleppt zu werden. Schulbusse mit ausgestelltem Stoppsignal bzw. eingeschalteter Warnblinkanlage dürfen von keiner Seite passiert oder überholt werden. Wer von einer Polizeistreife kontrolliert wird, bleibt im Fahrzeug sitzen, dreht die Seitenscheibe herunter und behält die Hände sichtbar am Lenkrad.

Dokumente & Versicherung

Für einen touristischen Aufenthalt in den USA mit einem Aufenthalt von bis zu 90 Tagen benötigen Staatsangehörige aus EU-Ländern und der Schweiz kein Visum, aber einen maschinenlesbaren (bordeauxroten) Reisepass. Zudem benötigen Reisende eine online zu beantragende ESTA-Genehmigung, ohne die Airlines Reisende nicht mitnehmen dürfen. Diese sollte rechtzeitig unter https://esta.cbp. dhs.gov beantragt werden. Sie gilt für zwei Jahre und beliebig viele Reisen (aktuelle Infos bei der US-Botschaft: http://german.germany.usembassy.gov). Weiterhin ist ein Hin- und Rückflug- oder ein Weiterflugticket notwendig und ggfs. der Nachweis ausreichender Geldmittel. Bereits im Flugzeug werden die Zollerklärung und ein Einreiseformular ausgefüllt, in dem auch die Adresse der ersten Unterkunft in den USA abgefragt wird. Bei der Passkontrolle werden von jedem Reisenden in wenigen Sekunden digitale Fingerabdrücke sowie ein digitales Porträtfoto angefertigt. Die medizinische Versorgung entspricht in etwa der europäischen. Allerdings werden die Patienten an den Kosten erheblich höher beteiligt als hierzulande – man gilt sozusagen als Privatpatient. Deshalb ist es auch durchaus empfehlenswert, eine Zusatzversi-

Info

Daten & Fakten

Landescharakter und Klima: Kalifornien liegt im Südwesten der USA. An den Süden grenzt Mexiko, an den Norden Oregon. Der Pazifik markiert die Westgrenze, östlich der Sierra Nevada beginnt Nevada. Weiter im Süden bildet der Colorado River die Grenzlinie zu Arizona. Der meist schmale Küstenstreifen wird von Gebirgszügen der Coast Ranges begrenzt, mit Höhen von 1500 m bis 2700 m. Dahinter öffnet sich das fruchtbare Central Valley mit einigen Nebentälern, im Norden vom Sacramento River, im Süden vom San Joaquin River durchflossen. Ganz im Norden erheben sich die Vulkangipfel der Cascade Mountains, die nach Süden von der über 4000 m hohen Sierra Nevada abgelöst werden. Südlich davon beginnen die Mojave Desert und weiter im Südosten die Sonora Desert; die Wüsten nehmen fast ein Viertel der Landfläche ein. Der Norden und die westlichen Gebirgshänge kennen reiche Niederschläge, im Süden ist es heiß und trocken. Der erdbebenaktive San-Andreas-Graben zieht sich vom Südosten bis an die Pazifikküste bei Point Reyes.
Statistisches: Kalifornien erstreckt sich knapp 1300 km von Nord nach Süd, von Westen nach Osten misst der Bundesstaat maximal 560 km. Die buchtenreiche Pazifikküste ist etwa 2000 km lang. Mit einer Gesamtfläche von 411 000 km² steht Kalifornien auf dem dritten Platz der US-Bundesstaaten. Mit dem 4418 m hohen Mount Whitney befindet sich der höchste Berg der USA außerhalb Alaskas in Kalifornien. Badwater im Death Valley (–86 m) ist der niedrigste Punkt in den USA. Knapp 38 Mio. Menschen leben in Kalifornien, davon über zwei Drittel in den Ballungsräumen um die San Francisco Bay, bei Los Angeles und San Diego. Knapp 40 % sind Weiße (ohne Hispanics), dazu kommt gut ein Drittel Hispano-Amerikaner. Es gibt 11 % Zuwanderer aus Asien, knapp 7 % Afro-Amerikaner sowie 1 % Nachkommen der Natives.
Verwaltung: An der Spitze des Bundesstaates steht der direkt und für vier Jahre gewählte Gouverneur. Die Abgeordneten der zwei Kammern des Parlaments, Senat und Repräsentantenhaus, werden für vier bzw. zwei Jahre gewählt. Kalifornien besteht aus 58 Bezirken (Counties). Hauptstadt ist Sacramento.

Burger mit Pommes? – Hier eine am Rodeo Drive in Beverley Hills servierte Edelvariante. Rechts: Bistro im Napa Valley.

cherung abzuschließen, die dann auch eventuelle Mehrkosten abdeckt.

Essen & Trinken

Das traditionelle **American Breakfast** beinhaltet eine Auswahl von Rühreí, Bratkartoffeln, Corned Beef, Würstchen und gebratenem Schinkenspeck. Außerdem gibt es Pfannkuchen mit Ahornsirup, Toast, Butter, Marmelade und Orangensaft. Wer nicht gleich danach zum Holzfällen aufbrechen will, kann es in vielen Frühstücksrestaurants inzwischen auch leichter haben, mit Fruchtsalat, Joghurt oder „Cereals". Der traditionelle (dünne) amerikanische Kaffee tritt immer mehr hinter Caffé Latte, Cappuccino und anderen italienischen Kaffeespezialitäten zurück, die bei Starbuck's und anderen Coffee Shops serviert werden.
Mittagessen (Lunch) spielt in den USA nur eine Nebenrolle. Viele begnügen sich mit einer kleinen Zwischenmahlzeit, einer Suppe, einem Salat, einem Sandwich oder Burger.
Das **Abendessen (Dinner)** ist die eigentliche Hauptmahlzeit des Tages. Steaks und Fischgerichte sind beliebt, aber auch Mexikanisches wie Tacos oder Enchilladas. Bei der großen Zahl von Einwanderern kann der Urlaubsaufenthalt schnell zu einer kulinarischen Weltreise werden. Auch die asiatische Küche, vor allem aus China, Korea und Vietnam, wird in Kalifornien authentisch angeboten.

Feiertage

Neujahr (1. Januar), Martin Luther King Jr. Birthday (3. Mo. im Jan.), President's Day (Geburtstag von George Washington; 3. Mo. im Febr.), Memorial Day (Gedenktag für die Kriegstoten; letzter Mo. im Mai), Independence Day (Unabhängigkeitstag; 4. Juli), Labor Day (Tag der Arbeit; 1. Mo. im Sept.), Admission Day (Beitritt von Kalifornien zur Union; 9. Sept.), Columbus Day (Landung von Kolumbus in Amerika; 2. Mo. im Okt.), Veterans Day (Tag der Kriegsveteranen; 11. Nov.), Thanksgiving (Erntedankfest; 4. Do. im Nov.), Christmas Day (25. Dez.).

Feste

Januar: Tournament of the Roses, Pasadena. Über eine Million Zuschauer bejubeln die Teilnehmer des bunten Umzugs durch die Stadt am 1. Januar. Zudem treten die beiden besten College-Footballteams des Landes gegeneinander an (www.tournamentofroses.com).
Februar: Das chinesische Neujahrsfest mit Umzügen und spektakulärem Feuerwerk wird Ende Jan./Feb. besonders prächtig in San Francisco gefeiert (www.chineseparade.com).
April: Internationales Film Festival in San Francisco (www.sffs.org).
Mai: Cinco de Mayo, der 5. Mai, ist der wichtigste Feiertag der hispanischen Bevölkerung Kaliforniens. Er wird eine ganze Woche lang mit Volksfesten, Feuerwerken und Umzügen begangen und erinnert an den Jahrestag der Schlacht von Puebla, als mexikanische Truppen der Invasionsarmee von Napoleon III. eine Niederlage bereiteten. Am letzten Maiwochenende steigt in San Francisco vor mehreren Hunderttausend Zuschauern ein Karnevalsumzug mit Musik und Tanz (www.carnavalsanfrancisco.org).
Juni: SF Pride, ein farbenprächtiger, ausgelassener Umzug der Schwulen-, Lesben- und Transgenderszene von San Francisco, zieht Ende des Monats eine halbe Million Zuschauer an (www.sfpride.org).
Juli: Independence Day, der Tag der Unabhängigkeitserklärung vom 4. Juli, wird in den gesamten USA gefeiert. Das Feuerwerk in Pasadena soll zu den schönsten des ganzen Landes gehören. Höhepunkt des Kunstfestivals von Laguna Beach ist das „Pageant of the Masters", bei dem berühmte Gemälde als lebende Bilder nachgestellt werden (www.foapom.com). Zum Garlic Festival in Gilroy dreht sich alles um die würzige Knolle; viele Köche wetteifern um das beste Knoblauchrezept (www.gilroygarlicfestival.com). Beim zweiwöchigen Beach Festival in Huntington Beach können Besucher bei hochkarätigen Surfwettbewerben zusehen; Konzerte, Partys und weiteres Strandvergnügen gibt es zudem (www.surfcityusa.com). Ebenfalls im Sommermonat Juli findet die US Open of Surfing statt (www.vansusopenofsurfing.com).
August: Zur Old Spanish Days Fiesta Anfang des Monats besinnt sich Santa Barbara mit Umzügen, Volkstanz und Feiern überall in der ganzen Stadt auf sein spanisches Erbe (www.oldspanishdays-fiesta.org).
September: Seit über 50 Jahren stellen Künstler aus Kalifornien beim Sausalito Art Festival aus; vier Tage lang haben Kunstinteressierte Anfang des Monats Zeit, rund 20 000 Werke beim größten Freiluftfestival der bildenden Kunst in den USA zu begutachten oder zu kaufen (www.sausalitoartfestival.org). Das Monterey Jazz Festival versammelt alljährlich die Crème der internationalen und amerikanischen Jazzszene (www.montereyjazzfestival.org).
Oktober: Harvest Fair nennt sich das Erntefest von Sonoma County Anf. Okt. auf dem Messegelände von Santa Rosa; hier können auch mehr als 500 Weine der Region gekostet und gekauft werden (www.harvestfair.org). Der West Hollywood Halloween Costume Carnaval ist mit 400000 verrückt verkleideten Teilnehmern die wohl größte Halloween-Party der Welt (www.visitwesthollywood.com).
November: Die legendäre Doo Dah Parade durch Pasadena nimmt mit schrillen Kostümen und Albernheiten das Tournament of the Roses (Jan.) auf den Arm (wird manchmal in den Mai verlegt; www.pasadena doodahparade.info).
Dezember: Zur San Diego Bay Parade of Lights schmücken Bootsbesitzer ihre Schiffe für eine abendliche Parade mit Feuerwerk (www.sdparadeoflights.org).

Geld

Der **US-Dollar ($)** teilt sich in 100 Cent. Es gibt Münzen in folgenden Stückelungen: 1 cent (penny), 5 cent (nickel), 10 cent (dime), und 25 cent (quarter), selten sind 50 cent und 1 Dollar-Stücke. Geldscheine lauten auf 1, 5, 10, 20, 50 und 100 $. Die Banknoten lassen sich leicht verwechseln, da sie die gleiche Größe und Farbe besitzen.
Kreditkarten, vor allem Visa und Mastercard, sind weit verbreitet. Mit Karte und PIN-Nummer ist an vielen Geldautomaten (ATM) Bargeld abzuheben; dies geht in zunehmendem Maße auch mit EC-Karten (mit Maestro-Funktion). Mit auf US-Dollar ausgestellten **Travellerschecks** kann man in zahlreichen Geschäften genauso wie mit Bargeld bezahlen.

Klima

Das Klima in Kalifornien ist regional recht unterschiedlich. Der Tioga Pass über die Sierra Nevada im Yosemite National Park oder die Straße durch den Lassen Volcanic National Park im Norden des Bundesstaates sind oftmals noch bis in den Mai hinein durch Schneeverwehungen unpassierbar. Zur selben Zeit sonnen sich schon längst Urlauber an den Stränden von San Diego. Während an der Pazifikküste bei Eureka dunkle Wolken abregnen, brennt die Sonne mit 40 Grad Celsius und mehr auf die Felsen bei Zabriskie Point im Death Valley.

Reisezeit

Die beste Reisezeit reicht in Kalifornien vom Frühjahr bis in den Herbst. Wer große Hitze schlecht vertragen kann, der sollte allerdings die Wüsten des Südostens im Sommer meiden. Im Stadtgebiet von Los Angeles nimmt in dieser Jahreszeit der Smog deutlich zu. Im Hochsommer kommt es in San Francisco durch die kalte Meeresströmung vor der Küste häufiger zu starkem und kühlem Nebel, den die Sonne erst im Lauf des Tags langsam auflöst. In den Wintersportgebieten oberhalb des Lake Tahoe und bei Mammoth Lakes in der Sierra Nevada kann man zwischen Dezember und April gut Ski laufen.

Sport

Angeln ist in den USA Volkssport. Einen Angelschein *(fishing license)* verkauft meist ein Shop in der Nähe von Angelseen und Flüssen. Veranstalter in vielen Marinas entlang der Küste bieten auch Trips zum Hochseefischen an.
Fahrradfahren und Fahrräder mieten kann man selbst in Los Angeles, vor allem entlang der Pazifikstrände. Aber auch Fahrradtouren durch die Weinanbaugebiete von Napa und Sonoma Valley sind bei Kaliforniern beliebt.
Golf und **Tennis** kann auf vielen hundert öffentlichen Plätzen gespielt werden. Verschiedene Resorthotels verfügen über eigene Plätze oder ermöglichen Gästen mit Platzreife das Spiel auf einem Platz in der Nähe. Wer zu Hause in einem Club spielt, kann meist auch viele private Anlagen gegen Gebühr nutzen.
In zahlreichen Orten in der Nähe von geeigneten Flüssen vor allem in Nordkalifornien und an den Westhängen der Sierra Nevada lassen sich **Kajaks** mieten oder werden Floßfahrten auf kompakten **Schlauchbooten** angeboten.
Geübte Alpinisten finden in den Küstengebirgen, in der Sierra Nevada, aber auch in der Wüste, im Joshua Tree National Park oder der Mojave Desert National Preserve **Klettersteige** und Felswände zum **Klettern**.
Wandern gehört zu den beliebten Aktivitäten in den National- und State Parks, im Gebirge und in den Wüsten. Markierte Trails ziehen sich über viele hundert Kilometer. In den Besucherbüros der Parks sind einschlägige Informationen und Karten vorhanden.
Wassersport, also Segeln, Windsurfen, Surfen, Tauchen, Schnorcheln und Schwimmen, kann man fast entlang der gesamten Pazifikküste betreiben. Der rauere Norden ist wegen der eiskalten Wassertemperaturen und häufigeren Winde etwas für Geübte und Einheimische; südlich Santa Barbara wird es angenehmer, sind Wasser und Sonne wärmer.
Ann Hängen über der Westhälfte des Lake Tahoe findet man beste Bedingungen für den **Wintersport** auf gut ausgebauten Pisten und Schneesicherheit bis in den April. Das Gleiche gilt auch für das Skigebiet um Mammoth Lakes. Langlauf ist sogar am Rand der Wüste möglich, im Mount Jacinto State Park oberhalb von Palm Springs.
Zuschauen Die populären Mannschaftssportarten der USA sind in Kalifornien mit Profiteams in den obersten Ligen vertreten. Wer ein Spiel sehen will, sollte sich beizeiten um Karten kümmern, da die Matches häufig ausverkauft sind. Beim Baseball spielen die „Dodgers" (Los Angeles) und die „Giants" (San Francisco) in der National League, die „LA Angels" (Anaheim), die „Athletics" (Oakland) und die „Padres" (San Diego) in der American League. Beim Basketball kämpfen die „Lakers" (Los Angeles), „Clippers" (Los Angeles), die „Kings" (Sacramento) und die „Golden State Warriors" (Oakland) um Punkte. Drei Eishockeyteams der National Hockey League gibt es in Kalifornien – die „Ducks" (Anaheim), die „Kings" (Los Angeles) und die „Sharks" (San Jose). Beim American Football spielen die „'49ers" (San Francisco), die „Raiders" (Oakland) und die „Chargers" (San Diego) aus Kalifornien in der obersten Klasse ihres Sports.

Sprache

Landessprache ist Englisch. Doch in vielen Stadtvierteln von Los Angeles und im Service von Dienstleitungsbetrieben wird von Einwanderern aus Mexiko überwiegend Spanisch gesprochen. In der Chinatown von San Francisco erscheinen gleich mehrere Tageszeitungen in chinesischer Sprache.

Telefon und Internet

Die **Ländervorwahl** aus den USA nach Deutschland lautet 01149, nach Österreich 01143, in die Schweiz 01141. Die Vorwahl aus Deutschland oder der Schweiz in die USA ist 001, aus Österreich: 9001.
Wer in den USA ein **Ferngespräch** führen will, wählt zunächst die „1", dann die entsprechende Ortsvorwahl (area code), z.B. „415" für San Francisco, und dann die eigentliche sechs- oder siebenstellige Rufnummer.
Allgemeine **Vorwahlnummern** für Unternehmen und Institutionen wie 800, 888 und 877 sind gebührenfrei (toll-free), andere wie 700 und 900 können kostspielig werden.

Golden Gate Bridge: „Man glaubt es nicht, dass ein Ort wie San Francisco existieren kann ..." (Dylan Thomas)

Info

Wetterdaten

San Francisco

	TAGES-TEMP. MAX.	TAGES-TEMP. MIN.	TAGE MIT NIEDER-SCHLAG	SONNEN-STUNDEN PRO TAG
Januar	15°	5°	11	5
Februar	16°	6°	10	7
März	19°	7°	10	8
April	19°	8°	6	9
Mai	21°	10°	3	10
Juni	23°	12°	1	11
Juli	22°	13°	1	9
August	23°	13°	1	8
September	25°	12°	1	9
Oktober	22°	10°	4	8
November	18°	7°	8	6
Dezember	15°	6°	11	5

Die in Europa gängigen Dualband-**Mobiltelefone** funktionieren in den USA nicht. Wer ein Quadbandtelefon besitzt, wird bis auf ganz einsame Regionen überall telefonieren können. Internet-Cafés, WLAN-Hot-Spots auf Flughäfen und in Hotellobbys oder Copyshops wie „FedEx Office" bieten meist gegen Gebühr und oft 24 Stunden rund um die Uhr Internet-Zugang an.

Zeit

Kalifornien liegt in der Pacific Time Zone, mit 9 Std. Zeitdifferenz zur Mitteleuropäischen Zeit (MEZ). Zur Sommerzeit (*daylight saving time*; 2. März–So. bis 1. Nov.-So.) werden die Uhren eine Stunde vorgestellt. Die Stunden von 24.00 bis 11.59 Uhr erkennt man an dem Kürzel a.m. (ante meridiem), die von 12.00 Uhr bis 24.00 am Kürzel p.m. (post meridiem); es heißt also beispielsweise 4 p.m. statt 16.00 Uhr.

Zoll

Zollfreie Waren im Wert von 100 $ dürfen in die USA eingeführt werden. Zusätzlich 200 Zigaretten sowie 1 Liter Alkohol – allerdings nur für über 21-Jährige. Wer mehr als 10 000 $ bar einführen will, muss dies ausweisen. Es ist nicht erlaubt, landwirtschaftliche Produkte und Lebensmittel einzuführen.

Info

Wetterdaten

Los Angeles

	TAGES-TEMP. MAX.	TAGES-TEMP. MIN.	TAGE MIT NIEDER-SCHLAG	SONNEN-STUNDEN PRO TAG
Januar	18°	8°	6	7
Februar	19°	9°	5	8
März	20°	10°	6	9
April	21°	12°	4	8
Mai	23°	13°	1	9
Juni	25°	15°	1	9
Juli	29°	17°	1	11
August	29°	18°	1	11
September	28°	16°	1	9
Oktober	25°	14°	2	7
November	23°	12°	4	8
Dezember	20°	9°	5	8

Surfer-(und Musiker-)Idyll am Strand von Carpinteria im Santa Barbara County.

Register

Fette Ziffern verweisen auf Abbildungen

Impressum

4. Auflage 2016

Verlag: DuMont Reiseverlag, Postfach 3151, 73751 Ostfildern, Tel. 0711/4502-0, Fax 0711/4502-135, www.dumontreise.de
Geschäftsführer: Dr. Thomas Brinkmann, Dr. Stephanie Mair-Huydts
Programmleitung: Birgit Borowski
Redaktion: Robert Fischer (www.vrb-muenchen.de)
Text: Axel Pinck
Exklusiv-Fotografie: Christian Heeb
Titelbild: Getty Images/Car Culture
Zusätzliches Bildmaterial: S. 4 r.u. und 32 StockFood, 7 r.o. age fotostock/LOOK-foto, 8/9 Brown Cannon/LOOK-foto, 10/11 Aurora Photos/Look-foto, 12/13 Elan Fleisher/LOOK-foto, 16/17 Hauke Dressler/LOOK-foto, 18 l. Getty Images/Witold Skrypczak, 18 r. mauritius images/Alamy, 19 l.o. Getty Images/George Rose, 19 r.o. Getty Images/Anne Cusack, 19 u. Getty Images/Adam Burton, 20/21 NordicPhotos/LOOK-foto, 23 u. travelstock44/LOOK-foto, 26 u. Hauke Dressler/LOOK-foto, 27 r.u. dpa-DB Barbara Munker, 30 u. age fotostock/LOOK-foto, 33 o. StockFood, 36 o. mauritius images/age, 37 mauritius images/Alamy, 38/39 Heeb/laif, 41 u. Heeb/laif, 46 Getty Images/Stuart O'Sullivan, 47 Hendrik Holler/LOOK-foto, 48 r.o. StockFood, 48 l.o. Getty Images/Roberto Gerometta, 49 mauritius images/Alamy, 52 o.r. Juergen Richter/Look-foto, 53 o. mauritius images/CuboImages, 53 u. mauritius images/Alamy, 54 age fotostock/LOOK-foto, 56 o. mauritius images/age , 56/57 Getty Images/Dennis Flaherty, 59 o. Holger Leue/LOOK-foto, 59 u. Bildagentur Huber/Dutton Colin, 62 age fotostock/LOOK-foto, 63 o. age fotostock/LOOK-foto, 63 u. age fotostock/LOOK-foto, 66 Aurora Photos/Look-foto, 67 o. mauritius images/Alamy, 68/69 Getty Images/Richard Price, 70 o. Getty Images/Hutch Axilrod, 70 u. Piepenburg/laif, 71 u. mauritius images/imagebroker/Katja Kreder, 72/73 mauritius images/Photononstop, 78 huber-images.de/Mackie Tom, 79 l.o. Getty Images/The Washington Post, 79 r. Getty Images/LightRocket, 79 l.u. Hendrik Holler/LOOK-foto, 83 o. Getty Images/Ian Shive, 83 u. Getty Images/Lisa Seaman, 84/85 Getty Images/Tom Paiva, 91 u. mauritius images/age, 92 o.l. Heinz Endler/LOOK, 94 GRANDADAM Sylvain/laif, 95 mauritius images/Ben Simmons, 96 age fotostock/LOOK-foto, 97 mauritius images/age, 99 Hendrik Holler/Look-foto, 100 o. huber-images.de/Canali Pietro, 100 u. huber-images.de/Canali Pietro, 101 o. age fotostock/LOOK-foto, 101 u. mauritius images/Alamy, 110 l. Getty Images/Education Images, 110 r. Blend Images/LOOK-foto, 111 o.l. Getty Images/George Rose, 111 o.r. Brown Cannon/LOOK-foto, 111 u. huber-images.de/Canali Pietro, 114 o. Michael Boyny/LOOK-foto, 114 r.u. Hauke Dressler/LOOK-foto, 115 o. mauritius images/Alamy, 115 u. mauritius images/Alamy, 116 u. age fotostock/LOOK-foto, 118 l. Brown Cannon/LOOK-foto, 118 r. huber-images.de/Canali Pietro, 120 Aurora Photos/LOOK-foto
Grafische Konzeption, Art Direktion: fpm factor product münchen
Layout: CYCLUS · Visuelle Kommunikation, Stuttgart
Cover Gestaltung: Neue Gestaltung, Berlin
Kartografie: © MAIRDUMONT GmbH & Co. KG, Ostfildern
Kartografie Lawall (Karten für „Unsere Favoriten")
DuMont Bildarchiv: Marco-Polo-Straße 1, 73760 Ostfildern, Tel. 0711/4502-266, Fax 0711/4502-1006, bildarchiv@mairdumont.com

Erscheinungsweise: monatlich.

Anzeigenvermarktung: MAIRDUMONT MEDIA, Tel. 0711 450 23 33, Fax 0711 45 02 10 12, media@mairdumont.com, http://media.mairdumont.com
Vertrieb Zeitschriftenhandel: PARTNER Medienservices GmbH, Postfach 810420, 70521 Stuttgart, Tel. 0711 72 52-212, Fax 0711 72 52-320
Vertrieb Abonnement: Leserservice DuMont Bildatlas, Zenit Pressevertrieb GmbH, Postfach 810640, 70523 Stuttgart, Tel. 0711/7252-265, Fax 0711/7252-333, dumontreise@zenit-presse.de
Vertrieb Buchhandel und Einzelhefte: MAIRDUMONT GmbH & Co. KG, Marco-Polo-Straße 1, 73760 Ostfildern, Tel. 0711 45 02 0, Fax 0711 45 02 340
Reproduktionen: PPP Pre Print Partner GmbH & Co. KG, Köln
Druck und buchbinderische Verarbeitung: NEEF + STUMME premium printing GmbH & Co. KG, Wittingen, Printed in Germany

Lieferbare Ausgaben

Hamburgs Herz pocht an Elbe und Alster.

Die Kanaren sind vom Klima begünstigt – beste Voraussetzung für herrliche Strandtage.

Hamburg

Deutschlands Tor zur Welt
Der Hafen ist das Aushängeschild der Hansestadt, aber Hamburg hat natürlich noch weit mehr zu bieten, wir präsentieren alle Highlights.

Urbane Visionen
Aus alten Hafenvierteln werden trendige Stadtteile. Erleben Sie das „neue" Hamburg.

Shopping hanseatisch
Hamburger Trend-Labels und Traditionshäuser, hier kaufen Sie zwar nicht günstig, aber gut!

Teneriffa
La Palma • La Gomera • El Hierro

Paradiesische Inseln
Sie wissen noch nicht wohin? Wir stellen Ihnen die Westkanaren ausführlich in Bild und Wort vor.

Exklusiv wohnen
Warum sich nicht mal etwas Besonderes gönnen, die besten Adressen auf Teneriffa und den kleinen Kanareninseln.

Wandern mit Aussicht
Unsere Favoriten – die neun erlebnisreichsten Wanderungen auf den Kanaren.

www.dumontreise.de

DEUTSCHLAND
119 Allgäu
092 Altmühltal
105 Bayerischer Wald
120 Berlin
162 Bodensee
121 Brandenburg
175 Chiemgau, Berchtesg. Land
013 Dresden, Sächs. Schweiz
152 Eifel, Aachen
157 Elbe und Weser, Bremen
125 Erzgebirge, Vogtland
168 Franken
020 Frankfurt, Rhein-Main
059 Fränkische Schweiz
112 Freiburg, Basel, Colmar
028 Hamburg
026 Hannover zw. Harz u. Heide
042 Harz
062 Hunsrück, Naheland, Rheinhessen
023 Leipzig, Halle, Magdeburg
131 Lüneburger Heide, Wendland
133 Mecklenburgische Seen
038 Mecklenburg-Vorpommern
033 Mosel
114 München
047 Münsterland
015 Nordseeküste Schleswig-Holstein
006 Oberbayern
161 Odenwald, Heidelberg
035 Osnabrücker Land, Emsland
002 Ostfriesland, Oldenb. Land
164 Ostseeküste Mecklenburg-Vorpommern
154 Ostseeküste Schleswig-Holstein
136 Pfalz
040 Rhein zw. Köln und Mainz
079 Rhön
116 Rügen, Usedom, Hiddensee
137 Ruhrgebiet
149 Saarland
080 Sachsen
081 Sachsen-Anhalt
117 Sauerland, Siegerland
159 Schwarzwald Norden
045 Schwarzwald Süden
018 Spreewald, Lausitz
008 Stuttgart, Schwäbische Alb
141 Sylt, Amrum, Föhr
142 Teutoburger Wald
170 Thüringen
037 Weserbergland
173 Wiesbaden, Rheingau

BENELUX
156 Amsterdam
011 Flandern, Brüssel
070 Niederlande

FRANKREICH
055 Bretagne
021 Côte d'Azur
032 Elsass
009 Frankreich Süden Languedoc-Roussillon
019 Korsika
071 Normandie
001 Paris
115 Provence

GROSSBRITANNIEN/IRLAND
063 Irland
130 London
138 Schottland
030 Südengland

ITALIEN/MALTA/KROATIEN
017 Gardasee, Trentino
110 Golf von Neapel, Kampanien
163 Istrien, Kvarner Bucht
128 Italien, Norden
005 Kroatische Adriaküste
167 Malta
155 Oberitalienische Seen
158 Piemont, Turin
014 Rom
165 Sardinien
003 Sizilien
140 Südtirol
039 Toskana
091 Venedig, Venetien

GRIECHENLAND/ ZYPERN/TÜRKEI
034 Istanbul
016 Kreta
176 Türkische Südküste, Antalya
148 Zypern

MITTEL- UND OSTEUROPA
104 Baltikum
122 Bulgarien
094 Danzig, Ostsee, Masuren
169 Krakau, Breslau, Polen Süden
044 Prag
085 St. Petersburg
145 Tschechien
146 Ungarn

ÖSTERREICH/SCHWEIZ
129 Kärnten
004 Salzburger Land
139 Schweiz
144 Tirol
147 Wien

SPANIEN/PORTUGAL
043 Algarve
093 Andalusien
150 Barcelona
108 Costa Brava
025 Gran Canaria, Fuerteventura, Lanzarote
172 Kanarische Inseln
124 Madeira
174 Mallorca
007 Spanien Norden, Jakobsweg
118 Teneriffa, La Palma, La Gomera , El Hierro

SKANDINAVIEN/NORDEUROPA
166 Dänemark
153 Hurtigruten
029 Island
099 Norwegen Norden
072 Norwegen Süden
151 Schweden Süden, Stockholm

LÄNDERÜBERGREIFENDE BÄNDE
123 Donau – Von der Quelle bis zur Mündung
112 Freiburg, Basel, Colmar

AUSSEREUROPÄISCHE ZIELE
010 Ägypten
053 Australien Osten, Sydney
109 Australien Süden, Westen
107 China
024 Dubai, Abu Dhabi, VAE
160 Florida
036 Indien
027 Israel
111 Kalifornien
031 Kanada Osten
064 Kanada Westen
171 Kuba
022 Namibia
068 Neuseeland
041 New York
048 Südafrika
012 Thailand
046 Vietnam